Antonio Garrido Hernández

Ser jubilado

A mi hermano Ángel que tiene mi misma edad;
a mis huesos doloridos o por doler;
a mis articulaciones secas o por secar;
a mi alma madura para que me duela, si es necesa-
rio, pero evite quebrarse.

Turno de guardia

Si recibiste a tiempo tu ración de ternura,
si el pan en la alacena faltó sólo a la noche,
si a otra mañana un mago puso aceite en la alcuza
y si el candil estaba por si se iba la luz,
empuña ya la antorcha de corredor olímpico
-¿los dioses nunca duermen?-
y cumple tu relevo.

Alguien espera al fondo
con tu mismo apellido.

Ahora deja que duerma.

La luna te hará un turno de vigilia.

(Salvador Moreno, Paisaje con figuras.
Premio del XII Certamen Ernestina de Champourcin. Diputación de Álava. 2001)

NOTA.- Los poemas deben ser interpretados por el que los lee. Por eso, lo que voy a decir a continuación sólo es mi interpretación. Este está aquí por mérito propio, pero, además, yo veo en él una metáfora de mi concepción del sentido de la vida: un turno de guardia para preservar el fuego recibido y pasar las brasas a nuestros hijos. Entremedias nos hemos calentado el corazón mientras construimos nuestras vidas sin más referencia que nuestra ternura.

Índice

Índice

Prólogo

Nacido en 1950, soy un *babyboomer,* que ha disfrutado de las ventajas que trajeron para la gente la expansión de la industria del consumo y el estado del bienestar. Me jubilé el 30 de septiembre de 2016. La jubilación no me pilló por sorpresa, porque dos años antes de que llegara el día, ya había planeado cómo me gustaría que fuera. En el año final, terminé mis obligaciones de gestor en la universidad, para, durante seis meses, dar clase exclusivamente y tomar café con todos, unos por leales y otros porque se sintieron perjudicados por mi gestión. Así todos tuvieron su explicación a mis decisiones. De esta forma dejé mi trabajo en la universidad con la tarjeta limpia y me preparé para afrontar el último tercio de mi vida tras cuarenta y cinco años de ejercicio profesional.

Uno de los rasgos de la jubilación que más me preocupaban era el del supuesto vacío que se debía producir tras el cese de la exigente actividad profesional. Así me lo habían anunciado, unos por experiencia propia y otros, indirectamente, por los casos de sus padres. Vacío que tiene relación con un problema que la sociedad no ha afrontado todavía: el de cómo tratar a los ancianos y cómo hacer para financiar las vidas de las crecientes cantidades de personas con larga vida potencial tras cumplir 65 años o la edad que se acabe fijando a medida que el fenómeno aumente su importancia. Obviamente, es un problema económico y social que tiene sus expertos, pero es también un problema íntimo, por lo que este libro mira en otra dirección: la de cómo hacer de esa vida una vida auténtica con tanta calidad como pudo ser la vida en la fase profesional (o más). Las dos dimensiones, la económica y la espiritual, son importantes. La una para una vida material autónoma y la otra para que la inevitable decadencia física no vaya acompañada de una decadencia espiritual que amargue absurdamente casi un tercio de la vida de cada jubilado[1].

Creo que ambos problemas pueden ser resueltos de una vez, si consideramos que sentirse útiles es una condición fundamental para evitar el vacío vital, y que la sociedad puede obtener algún tipo de compensación por la actividad de los jubilados, si se establece con inteligencia, proporción y sensibilidad el cómo hacerlo.

Yo no he esperado a que lo resuelvan, pues en mí han convivido con naturalidad el ejercicio profesional de aparejador y docente con mi interés por la filosofía, a la que le he dedicado cinco años de estudio y mucho más de lecturas. Por eso, en mi jubilación, tengo la oportunidad de madurar esta vocación que fue preterida por la profesión y que, ahora, tiene su oportunidad. Una oportunidad que me doy de afrontar los cambios espirituales que seguramente traerá la proximidad de la muerte.

---

[1] En todo este texto, cuando se dice "jubilado", se quiere decir también "jubilada".

Con ese bagaje estoy dispuesto a servir a la sociedad si se formaran servicios asistenciales que no colisionaran con trabajos ya definidos y atendidos por personas en la edad adecuada para ellos, puesto que hay más trabajo que puestos de trabajo y, ahí, es donde el jubilado puede ayudar, desde mi punto de vista. Naturalmente, todo sometido a la evolución de la automatización generalizada que asoma su oreja por el horizonte y que podría acabar, no ya con las ocupaciones sociales de los jubilados, sino con la de los jóvenes ávidos de ser útiles. En ese caso, sería necesario que cualquier idea para cubrir una necesidad humana fuera cubierta por los jóvenes que necesitan un proyecto de vida, antes que por un jubilado. Por ejemplo, ahora los ecologistas recogen plásticos del mar por amor a la naturaleza. Mañana puede o deberá ser una profesión. África languidece ente sátrapas y epidemias; sería mejor invertir el sentido de la emigración y enviar contingentes de europeos a aportar su conocimiento y a emprender negocios con los nativos para que mejoren sus vidas en sus propios paisajes espirituales. Ya viajarán por placer.

Porque la alternativa de cobrar sin trabajar, cuando hay tanto por hacer, parece una estupidez. Mientras no se arbitren medidas de este tipo, la amenaza del desempleo provocado por la automatización se trasladaría a grandes masas de ciudadanos a los que nadie estaría dispuesto a formar, dada su "inutilidad" potencial. Quizá muchos de los jubilados podrían ocuparse, entonces, de formar a los jóvenes para que éstos a su vez emprendieran servicios no cubiertos por la robótica y así justificar sus emolumentos. Además de que la tecnología que trae el problema trae con ella la solución, pues la educación convencional, académica y reglada, tendrá que convivir con otras en plataformas digitales, que deberán alcanzar los grados de seducción que alcanzan algunos "influyentes" en las redes distribuyendo basura mental.

Me pasé quince años cantando la primera estrofa del *Gaudeamus Igitur* de memoria. En ella figura dos versos que señalo con (*) en los que parece anunciarse que, a la frescura de la juventud, sigue una permanente molestia que debe llevarnos a vivir al horaciano modo del *Carpe Diem*:

Gaudeamus igitur,
Alegrémonos pues,
iuvenes dum sumus.
Mientras seamos jóvenes
Post iucundam iuventutem, (*)
Tras la divertida juventud,
post molestam senectutem, (*)
Tras la incómoda vejez,
nos habebit humus.
Nos recibirá la tierra.

A pesar de este pesimismo, los jóvenes estudiantes alemanes que entonaban este himno en el siglo XVIII hacen un canto a la vida y recomiendan, en el resto del texto, no perderla en el odio y la tristeza. Al contrario, proclaman el goce, el estudio y el cultivo de la verdad. Este es el plan que propongo para ser jubilado. Y digo "**ser**" y no "**estar**" jubilado porque la jubilación no es un sitio en el que se está, sino una forma de ser que puede abarcar treinta años de la vida propia. Una forma de ser que debe construirse explorando lo que hemos sido cuando hemos estado cumpliendo con nuestra cuota de esfuerzo a la sociedad.

Seguro que algo estaba ahí latente que ahora se puede desarrollar. De no ser así, habría que

sospechar que se puede ser workalcoholic o traba-
jólico, en una versión léxica más propia de Mario
Moreno (Cantinflas) (1911-1993) de la expresión
inglesa de "adicto al trabajo". Lo que, de ser así,
hace necesaria una cura, que pasa por alejarse de
la empresa y probar el ocio, hasta casi el hastío.
Momento en el que toda la mente reclamará una
ocupación que debe responder a la propia naturaleza que, sólo o con ayuda, debe uno haber identificado en el periodo de desintoxicación del que ha
resultado para mucha gente algo así como "trabajos forzados".

Merece la pena intentarlo y, ante la duda,
leer un tiempo buena literatura; nada de aquella
que te manipula haciéndote creer que la vida tiene
que ser emocionante a toda costa. Unas emociones
que pretenden invitar a poner en riesgo toda la estructura social con giros bruscos, como ocurre con
el extrañamente popular *Juego de Tronos*, que ni
enseña política, ni invita a la piedad. Un tipo de
arte cinematográfico que, eso sí, hace renacer el
gusto por la violencia que parece estar sumergido

en nuestras profundidades y es cultivado en susu-rros.

El buen jubilado no nace, se hace. Aquí lo que se propone es un ejercicio, un hacerse primario de reubicación en la vida, haya pasado lo que haya pasado previamente. De esta forma, el último tramo de la existencia puede tener un significado nuevo. El hecho es que, cuando se **está** jubilado, se puede dejar de estarlo volviendo al trabajo como hizo un conocido mío harto, como el decía, de "*empujar carros de Mercadona*" (según su propia expresión). Pero si se **es** jubilado, esa condición ya no se abandona nunca, porque se habrá encontrado el buen vivir para el bien morir.

El secreto de una buena vejez es considerar que las molestias, incluso las enfermedades graves no son exclusivas de estas edades, sino que se pue-den presentar en cualquier momento, lo que las eli-mina como factor diferenciador. Queda pues el go-bierno del cerebro, la mente y el espíritu (que no es lo mismo). El cerebro es consciente, la mente autoconsciente y el espíritu libre. Éste último es el refugio de la inteligencia para estar en "solitud", término que Hannah Arendt (1906-1975) utiliza para referirse a la intimidad del pensamiento consigo mismo en ausencia de otros. No hay que confundir con la soledad, que es la ausencia de los otros y de la propia compañía.

Y ese gobierno del espíritu (del alma, castizamente) es una aventura para el ser humano, *tenga la edad que tenga.* Por el alma han transcurrido los mismos acontecimientos que por el cuerpo, pero, si el soporte cerebral resiste, estos acontecimientos pueden dar la felicidad que compense la decadencia del cuerpo. La juventud del alma de un viejo es formal, se refiere a sus deseos de saber y sentir, que pueden permanecer intactos, pero no su contenido. Su maduración nunca es la misma, evoluciona buscando el equilibrio entre el conocimiento estructurado y el estremecimiento orgánico; entre el concepto y la intuición, entre comprender y poetizar.

Por tanto, la vejez es una época en la que hay que evitar que los cambios en el cuerpo depriman a la mente, para que ésta mantenga su fortaleza e interés por el entorno a sabiendas de que somos corporalmente intermediarios entre nuestros padres y nuestros hijos; pero en la certeza de que, espiritualmente, somos propietarios de nuestras vidas. Si nos parece poco premio habremos fracasado al sustituir la vida por su espectro.

Ser jubilado

Ciertas estadísticas en Estados Unidos muestran que cuanto antes se jubila uno, antes muere. Conclusión a la que se llegó tras estudiar los casos de prejubilados de 55 años con los de jubilados a las 65. Con estos datos, se podría concluir, provocadoramente, que no hay que jubilarse. En realidad, lo que se quiere decir es que la jubilación tiene que ser activa y no un mero abandonarse a la molicie. Una pereza que perjudica la autoestima al quedar relegado, de la excitación de la influencia en tu entorno, al silencio de la desconexión del tejido productivo y social.

La solución es eliminar el prejuicio de que el jubilado debe solamente holgar y pasar a la acción. La jubilación es un regalo con el que, entre otras ventajas, se puede ser generoso en tiempo con los demás, pues dar a los demás activa en el cerebro las mismas áreas que se activan con placeres como comer o practicar sexo según Hyrum. Desde luego, este autor propone ilustrarse con lecturas e, incluso, con estudios universitarios si formaba parte de esa otra vida que todos mantenemos latente durante la vida profesional. Él considera que hay tres fuentes de motivación: el miedo, el deber y el amor. En mi opinión, el jubilado tiene la oportunidad de hacerlo por amor, pues, de las otras dos fuentes, ya tuvo bastante en su vida profesional. Es interesante su resolutiva recomendación de deshacerse de todo objeto que no tenga un interés inmediato para el jubilado. Él confiesa que se deshizo del 70 % de lo que poseía como muebles, vestidos, trajes, objetos de cocina, herramientas, libros y juguetes (¿de adultos?).

Cuando me jubilé tuve la sensación de haber sido bautizado de nuevo y que emprendía un viaje figurado a otra vida, una de las muchas que me ha deparado la suerte durante mi ejercicio profesional y personal (pues todas han sido buenas). He disfrutado de mi infancia, de mi vida profesional, de mi matrimonio, de mis hijos y nietas, de mis amigos y adversarios. Pretendo que mi jubilación esté a la altura.

La energía se concentra y nos da la materia, la materia se activa y se licua. La activamos más y se gasifica. Se podría decir que un empujón adicional y se jubila. En estas estoy yo, como tantos. Sin que mi entorno haya cambiado, la situación es otra. Tan otra que el primer día de la jubilación todas mis partículas se preguntaron ¿y ahora qué?

En mi caso pensé en dedicar todos los esfuerzos, después de la prioritaria dedicación a la familia y los amigos, a los que debemos tiempo, a lo que pudo ser mi vida y fue relegada por el ejercicio profesional, legítimamente. Una vida dedicada a ejercer como Arquitecto Técnico, primero; como director de un laboratorio de ensayos, director de una organización nacional de la Arquitectura Técnica y profesor universitario, después, no dejó tiempo para aprender a conectar la filosofía con la realidad. Es decir, a conectar, a cierto nivel de profundidad, la vida reflexiva con la vida sensitiva y activa. Una vocación latente durante treinta años, aunque nunca haya dejado de mantener un nivel basal de preocupaciones metafísicas. Es decir, de preocupaciones por el fundamento de las cosas, más allá del vértigo cotidiano.

Ser jubilado es aceptar que la vida tiene un límite, porque es muy diferente cambiar de trabajo profesional a no practicar ninguno y para el resto de los días. Alguien podría pensar que si se escriben libros se está trabajando de nuevo. Pues no, porque esto lo hago por pura afición. Disfrutando cada fase, la de concepción, la de documentación, ordenación, y escritura.

Pero esto es secundario, vuelvo bruscamente a lo primario que es morirse. Si un jubilado no puede hablar de la muerte, tiene un problema y ha decidido hacerlo sin palpar en qué ha consistido vivir. Algo así como morirse distraídamente. De hecho, es habitual decir que la buena muerte es no despertarse un día por la mañana. No sé si esto será una buena muerte, pero lo que sí sé es que será un gran susto para tu compañero o compañera de cama. Los muertos tienen una cara muy rara.

Mi idea sobre la jubilación consiste, primero, en cubrir todas las carencias del ideal de vida a que se aspire, que hayan sido consecuencia del monopolio que haya ejercido la vida profesional o provocado el despiste personal. Y, segundo, en reconciliarse suavemente con la muerte. La filosofía existencialista pronostica la angustia como síntoma del miedo a esa posibilidad, pero la reflexión sensitiva ayuda a mitigarla a pesar de su carácter fundado fuertemente en el impulso ilimitado de supervivencia de que estamos dotados para garantizar el traspaso del material genético a nuestros descendientes. Un impulso tonificador durante la juventud pero que lleva a muchos a la desesperación en la vejez. Se puede optar por una artificial distracción o por una corajuda mirada directa sin morbosidad. Por eso, en mi opinión:

Ser jubilado es aprender a experimentar todas las dimensiones de la vida: sensualidad, pensamiento y acción sin ser distraído por las ocupaciones profesionales. Se puede cultivar la amistad, se pueden conocer amores nuevos, como los de los nietos, y se puede actuar ayudando a la sociedad según la capacidad de cada uno. Ser jubilado, en la época de los analgésicos, el omeprazol y los antibióticos, junto a la cirugía avanzada que disfrutamos, es un privilegio que me obligan a bendecirlos todos los días.

Ser jubilado permite trabajarse a sí mismo para limpiar la mente de todas las telarañas que la vida acumula en nosotros por las carencias para el análisis de la realidad y la tentación continua de aceptar ficciones, desde que somos niños, hasta el final.

Ser jubilado, hoy en día, es la oportunidad de vivir la parusía personal y social, si se ha conseguido trascender la posesión material más allá de la dignidad elemental debida. Ser jubilado es la oportunidad de vivir la experiencia de poner a prueba tus creencias por rozamiento con las creencias de lo demás. Una de las grandes responsabilidades de los mayores es no votar en las elecciones pensando en sus manías e intereses inmediato, sino hacerlo pensando en los jóvenes que vivirán ese futuro que nos está ya negado, lo que exige un tipo de apertura mental muy poco habitual. Finalmente, **ser jubilado** es una suerte porque la sociedad te permite disfrutar de esa experiencia sin que, al menos hasta ahora, se te hagan reproches de inutilidad. Ser viejo ya no es, como en *La Balada de Narayama*, una desgracia para lo tuyos.

Antecedentes

En los pueblos primitivos los viejos eran la memoria de la tribu. Sin embargo, la vejez ya era considerada una desgracia en el antiguo Egipto. Por el contrario, en Esparta tenía alta consideración la sabiduría de la que la experiencia dotaba al mayor. En la comedia griega clásica el anciano es tratado como una figura ridícula que contrastaba con el canon de belleza. Pero en ella aparecen por primera vez instituciones de cuidado de ancianos que se llamaban Gerusía. Israel los tenía en gran estima y eran consultados en los llamados "Consejos de Ancianos" que asesoraban a Moisés.

En Roma, cuando Cicerón (106-43 a.C.) tenía sesenta y dos años, poco antes de ser asesinado por esbirros de Marco Antonio, escribió el llamado *Cato maior de senectute liber* (Catón el Viejo liberado de la vejez) y conocido abreviadamente como *De Senectute.* El protagonista es Catón el Viejo (234-149 a.C.) junto con dos jóvenes, Escipión, hijo de Pablo Emilio, y su amigo Lelio. Catón es presentado en el libro como un anciano de ochenta y cuatro años capaz de vivir en plena actividad gozosa.

Cicerón utiliza argumentos que ya se recogían de la tradición griega, como es el caso de Platón en su diálogo República, que nos presenta a Sócrates en coloquio con el anciano Céfalo, quien empieza diciendo:

"... cuanto más se esfuman para mi los placeres del cuerpo. tanto más crecen los deseos y placeres en lo que hace a la conversación."

Céfalo cita a Sófocles (497-406) a propósito de la supuesta tristeza por la ausencia de placeres sexuales, quien le dijo a quien le interpelaba:

"Cuida tu lenguaje, hombre; me he liberado de ello tan agradablemente como si me hubiera liberado de un amo loco y salvaje."

Y remata su posición respecto de la vejez con estas clarividentes palabras:

"... debes saber, Sócrates (470-399 a.C.), que, en aquellos momentos en que se avecina el pensamiento de que vas a morir, a uno le entra miedo y preocupación por cosas que antes no tenia en mente. Así, pues,

los mitos que se narran acerca de los que van al Hades, en el sentido de que allí debe expiar su culpa el que ha sido injusto aquí, antes movían a risa, pero entonces atormentan al alma con el temor de que sean ciertos, y uno mismo, sea por la debilidad provocada por lu vejez, o bien por hallarse más próximo al Hades, percibe mejor los mitos. En esos momentos, uno se llena de temores y desconfianzas, y se aboca a reflexionar y examinar si ha cometido alguna injusticia contra alguien. Así, el que descubre en si mismo muchos actos injustos, frecuentemente se despierta de los sueños asustado, como los niños, y vive en una desdichada expectativa. En cambio, al que sabe que no ha hecho nada injusto le acompaña siempre una agradable esperanza, una buena 'nodriza de la vejez', como dice Píndaro (438-417 a.C.)."

También Horacio (65-8 a.C.), en su Oda IX (libro Primero) recomienda poéticamente que además de aportar el propio esfuerzo:

"... encarga el resto a los dioses: cuando ellos han abatido los vientos en lucha con el mar tempestuoso,(y) ni los cipreses, ni los viejos fresnos se agitan ya. Qué puede ocurrir mañana evita preguntártelo, y cada uno de los días que la fortuna te otorgará apúntalo como ganancia..."

Un texto que antecede a su famoso *"carpe diem, quam minimun crédula postero"*, que es el lema de quienes aprecian la vida por sí misma.

Catón, en esta estela platónica, confiesa a sus jóvenes oyentes que algunos placeres ya no se pueden obtener, pero que la naturaleza, que es sabia, quita el deseo de tenerlos.

Cicerón cree que se cae en contradicción al desear de joven tener una larga vida y, luego, quejarse cuando este deseo se cumple. La vejez no debe ser peor que otras edades de la vida, porque las grandes cosas no requieren tanto de fuerza como de inteligencia y experiencia, cualidades de las que la vejez está ahíta. Además de que hay ancianos que estudian toda la vida, como Sócrates que empezó a estudiar la lira a la vejez.

Anticipadamente, Cicerón alentaba a la realización de ejercicios y moderar la dieta, al tiempo que se ayuda al espíritu para que no se extinga, pues éste necesita *"aceite como una lamparilla"*. Respecto del alimento del espíritu, Catón piensa en ancianos que tienen la vida resuelta y pueden sumergirse en el estudio, lo que en su época era raro, pero en la nuestra, con el abaratamiento radical de la cultura, si no la gratuidad a través de ficheros electrónicos, esta tarea está al alcance de casi todos.

En cuanto al abandono de los placeres, Cicerón sugiere que la vejez ve los placeres de lejos, aunque él mismo se contradice divorciándose de Terencia, su esposa durante casi treinta años, para casarse con la joven Publilia. En esto, Cicerón sí que es un verdadero clásico.

En cuanto a la autoridad, Cicerón cree que la que no se haya ganado previamente, difícilmente se va a conseguir en la vejez. Aunque cuando se está en posesión de ésta no debe incurrir en el abuso que traerá, con seguridad, odio entre su descendencia con la consiguiente falta de respeto.

Respecto de la muerte, la posición de Cicerón es muy pragmática:

"Si no vamos a ser inmortales, es deseable, por lo menos, que el hombre deje de existir a su debido tiempo. Pues la naturaleza tiene un límite para la vida, como para todas las demás cosas".

De esta forma también, se evita el sufrimiento por la posible muerte de familiares que puede acarrear una vida prolongada. Cicerón tiene, al respecto, una visión estoica:

"Si no hay nada después de la muerte, nada debemos temer. Si la muerte es la puerta para vida eterna, debiéramos desearla."

En la edad media la falta de recursos provoca que los ancianos, incapaces de aportar fuerza al magro proceso productivo, son considerados el símbolo de las flaquezas de la vida en la Tierra, en contraste con la eterna juventud de la otra vida. El progreso del comercio permite que se llegue rico a la vejez, lo que cambiaba su estatus social. Algunos optaban por pagar para ser atendidos en monasterios, como hizo Carlos V, por cierto. En el siglo XIV las epidemias mataban a jóvenes y niños, dejando vivos a los ancianos. Esta situación les proporciono un nuevo estatus social más relevante, como memoria viva entre generaciones. También es una época en la que se dan los matrimonios entre jóvenes y ancianos, que siendo ricos competían con ventaja con los jóvenes. Riqueza que también les permitió ser representados en el arte de forma digna. Es el momento de la recuperación de instituciones que acogen a los mayores en sus últimos años. El Renacimiento, en tanto que apertura al naturalismo, propugnaba disfrutar de la vida y rechazar la ancianidad, especialmente a los que no aceptaba su condición, como describe Erasmo (en la descarnada presentación de la mujer que exhibe su decrepitud en su *Elogia a la locura).* En el siglo siguiente la recuperación demográfica lleva de nuevo el centro de gravedad del interés social sobre los jóvenes, quedando relegados los viejos y, en especial, las mujeres ancianas, que se convierten en símbolo de males y son acusadas de brujería. Los jóvenes se empeñan en prolongar la juventud inútilmente y proyectan su frustración sobre la vejez, que es depreciada por su inevitable llamada de atención sobre el sufrimiento y la muerte. De Erasmo a Quevedo el anciano y, en especial la mujer anciana, es vilipendiada sin piedad.

El surgimiento de la burguesía y el aumento de la riqueza deja recursos para el respeto y el cuidado de los ancianos, que recobran un papel central como símbolo de la unidad familiar. Sin embargo, en las clases trabajadoras el acabamiento de las fuerzas conllevaba muerte o desprecio, como ya había ocurrido en la edad antigua y media. Esta situación se revierte con la implantación del estado del bienestar tras la segunda guerra mundial, que trae, entre otros beneficios, la consideración de la vejez por sus aportaciones intelectuales o por el mero respeto. Una situación desmentida a veces por situaciones particulares de hijos egoístas que desean desprenderse del lastre de sus ancianos, entre sentimientos de culpa. Hoy se vive ocultando la muerte y sus rasgos más desagradables. Ya no se muere en la casa y lo normal es acabar en un geriátrico. Para las edades medias se ha constituido toda una industria que ofrece la prolongación (vana) de la juventud, al menos en el aspecto. Una situación ésta que debería llevar a los ancianos a establecer cánones del tipo de vida que quieren llevar.

Cuando tenía 32 años (1699), Jonathan Swift, el autor de *Los Viajes de Gulliver* estableció sus pautas para cuando fuera viejo:

1. No casarme con una mujer joven
2. No buscar la compañía de jóvenes a menos que la deseen realmente.
3. No ser malhumorado, arisco o suspicaz
4. No burlarme de las costumbres, dichos y modas actuales.
5. No encariñarme con los niños.
6. No repetir lo mismo a la misma gente.
7. No ser avaro.
8. No descuidar los buenos modales ni la limpieza personal.
9. No ser muy severo con los jóvenes y tolerar sus locuras y debilidades.
10. No excederme a la hora de dar consejos y darlos tan sólo a quienes me los pidan.
11. Rogar que algún buen amigo me diga cuál de estos preceptos he incumplido o descuidado, de modo tal que pueda corregirme
12. No hablar mucho, y menos de mí mismo.

13. No alardear de mi anterior prestancia, de mi fuerza de otrora o de mis pasadas conquistas amorosas.
14. No hacer caso de adulaciones ni concebir que pueda ser amado por una joven, *et eos qui haereditatem captant, odisse ac vitare* (y escapar de los cazadores de herencias).
15. No ser dogmático o terco.
16. No tomar muy en serio la observancia de estas reglas no vaya a ser que no cumpla ninguna.

Como se ve, el joven Swift no se fiaba del viejo Jonathan. Probablemente no se fiaba de la naturaleza humana. En la lista hay actitudes habituales de personas mayores que no las han leído, aunque estas reglas estén en algunas ediciones de su libro más famoso. Estos mandamientos, como ocurre a menudo, se pueden reducir a dos:

1. No tratar de pasar por joven
2. No ser gruñón.

Añadamos el de cuidarse de la codicia de quien, por verte vulnerable, crea que puede aprovecharse.

No son pocos los casos de varones ancianos casados con mujeres jóvenes con cuarenta años menos. Es más raro verlo en mujeres, al menos hasta ahora, pues ellas se conforman con paliar la ausencia de juventud y compañía usando otros recursos, entre los que está una estética seductora.

Herman Hesse (1877-1962) consideraba que la vejez da acceso a:

> *"aquel tesoro en imágenes que llevamos en la memoria tras una vida larga, imágenes a las que, al reducir nuestra actividad, damos una dimensión muy diferente a la concedida hasta entonces. Personajes humanos, que ya no están sobre la Tierra, siguen viviendo en nosotros, nos pertenecen, nos proporcionan compañía y nos miran con ojos cargados de vida".*

Simone de Beauvoir (1908-1986) en 1970 publicó un libro llamado *La vejez*, en el que, desde su óptica marxista, denunciaba la cosificación del anciano en el marco capitalistas, que se convertía en un desecho cuando dejaba de aportar su fuerza de trabajo. Sin embargo, ya se ha comentado que, en sociedades aristocráticas como Grecia, ya se hacía burla del anciano y en sociedades primitivas, como la que se relata en *La Balada de Narayama,* al anciano no productivo se le invitaba a desaparecer para no ser una carga para su familia. Pero, Beauvoir, también reflexiona sobre la condición social y cultural del anciano. Al fin y al cabo, ignorarlo u ocultarlo es una traición a la propia condición humana, que incluye la vejez con naturalidad. En su libro recorre la concepción física que de la vejez se ha tenido a lo largo del tiempo. Así

- Galeno (130-210) consideraba a la vejez un estado intermedio entre la salud y la enfermedad.
- Roger Bacon (1214-1692) consideraba a la vejez una enfermedad sin matices.
- Paracelso (1493-1541) pensaba en la vejez como en una intoxicación.
- Borelli (1608-1679) la concebía como el desgaste de la máquina humana.

Como se ve, la vejez ha sido vista siempre como una patología por los supuestos sabios. Yo prefiero verla como una fase natural de la vida del que, siendo la unidad más compleja del universo, no se ve libre de seguir la ley universal de que la vida solamente puede catar la inmortalidad transmitiéndose entre individuos mortales. La biología relaciona muerte con sexo, pues en la reproducción asexuada el individuo permanece después de dar lugar a otro ser semejante. La reproducción sexuada, una vez cumplida la misión de gestar un nuevo ser, no necesita los cuerpos precedentes y los deja a su destino fatal.

Puede ser que haya una cierta repugnancia por verse rodeado de personas mayores, no digamos en estado senil; una especie de gerontofobia. Es cierto que cuando se visita un asilo se experimenta una fuerte sensación de decadencia y fragilidad de lo humano, pero ahí es donde se tiene que poner a prueba el espíritu de un jubilado y su proyecto para el resto de su vida. Aunque, antes de llegar a eso, es bueno comprobar que los jóvenes te aceptan, lo que ocurre hasta una cierta edad cuando eres capaz de trasladarles serenidad y buen juicio, lo que debe fundarse en un sentido de la propia dignidad, autoestima y capacidad de tolerancia. Es decir, no dejarse trastear y ser celoso de la intimidad propia, mantener el centro de gravedad de la propia persona y no convertirse en una pejiguera para los demás como consecuencia de que todo te parezca mal debido al sesgo de la perspectiva que proporcionan los años.

Mantener una actitud joven no es imitar a los jóvenes en sus andanzas, sino mantener la mente abierta a la novedad en cosas materiales y espirituales, sin decir constantemente con voz temblorosa *"en mis tiempos…"*. Me parece muy sabio por parte de Swift el mantener el aseo personal, pues en las personas mayores el descuido aumenta la repugnancia que pueden sentir un joven. Téngase en cuenta que a partir de cierta edad las personas mayores desprendemos un olor especial con origen en la molécula 2-nonenal, generada por oxidación de los ácidos grasos. Los japoneses, que no suelen usar fragancias que lo disimulen, le llaman *kareishu* o *"el olor de los abuelos"*.

Los griegos clásicos ya ponderaban sobre los aciertos y errores de la vejez. El propio Hesíodo, en el siglo VIII a.C. se quejaba de los jóvenes y su supuesta incapacidad de hacerse cargo del futuro. Oscar Wilde bromeaba con la vejez y el sexo diciendo que *"Los hombres jóvenes quieren ser fieles y no lo consiguen; los hombres viejos quieren ser infieles y no lo logran."*. Agatha Christie no se queda atrás al aconsejar: *"Cásate con un arqueólogo, pues cuanto más viejas te hagas, más encantadora te encontrará"*.

Wilde y Christie dan en el clavo de los respectivos mandatos biológicos que recibimos hombres y mujeres. Por eso, la dignidad de la vejez tiene que ver también con el control de la sexualidad residual. Es sabido que algunos ancianos (hombres y mujeres) se vuelven procaces y, especialmente algunos varones, sobones. Es la consecuencia del eco que llega del mandato biológico de inseminar en los varones y de seducir en las mujeres. Un mandato que, matizado por la edad, se manifiesta en actitudes de acoso en algunos varones y de atuendos fuera de edad en las mujeres. Lo que

43

no debe llevar a los unos a dejar de disfrutar íntimamente con la belleza o a dejar de mostrar las otras, con hábiles retoques, la hermosura que se tuvo y que aún permanece, aún velada, en ellas.

Ser jubilado implica encontrar un lugar equilibrado, en lo físico y en lo mental, para poder ser percibido con agrado por los demás. Al joven le desagrada un viejo procaz, aunque diga las mismas cosas que escucha en sus amigotes. El jubilado habita un espacio nuevo y debe aprender a vivir en él sin nostalgia de lo que fue.

Tipos de jubilados

Tomo prestado del libro *¡Socorro!, me jubilo* de Román Rubio, algunas de las tipologías de jubilados que presento aquí.

- Cazador de descuentos
- Madrugador
- Recadero
- Manitas
- Vigilante de obras
- Deportistas
- Multi-ocupado
- De pueblo
- Aventurero

Los nombres se explican por sí solos. Supongo que todos estamos en alguna o varias clases de esta taxonomía. Yo me considero recadero y deportista, aunque echo de menos una clase de jubilado trascendente, al que le preocupa "el sentido de la vida" y profundiza en su estudio. De hecho, este libro está más pensado para este tipo, no considerado en la lista de Rubio, que para, pongamos

por caso, el "manitas", o el "de pueblo". El trascendente no busca distraerse todo el tiempo, sino,
al contrario, busca mirar de frente la sorprendente
situación a la que se ve abocado el ser humano,
como único animal consciente de su situación vital
y precariedad existencial.

La característica principal del jubilado debe
ser su realismo. No tendrá otra oportunidad de mirar la realidad humana cara a cara. Para ello, tiene
que desprenderse de ficciones y, al tiempo, encontrar la fuerza para evitar la depresión de un supuesto sinsentido de la vida. Actitud que adoptan
aquellos ventajistas que no están contentos ni de
jóvenes ni de mayores. Este es un esfuerzo titánico
del que se sale hecho un titán. Es una transforma-
ción integral que no todos acaban pudiendo disfrutar. Piénsese en esos jóvenes en pleno esfuerzo de
construirse una vida con base en las convenciones
que han heredado. Ese joven considerará "la vida
real" aceptar las indecencias que tendrá que practicar para ascender en la estructura profesional en
la que trabaje. Piénsese en los giros en las referen-
cias éticas que debe llevar a cabo un joven político

para cumplir con los fines de su organización. Jóvenes que están lejos de introducir en sus deliberaciones privadas o públicas el carácter contingente de la vida. Es decir, para su salud mental, viven como si no hubiera final, atendiendo sólo a los reclamos del éxito.

Sin embargo, el jubilado no puede seguir distraído. El jubilado debe estar interesado por los aspectos más perturbadores de la vida, pues no tendrá otra ocasión de hacer vibrar cuerdas de su alma que nunca fueron tañidas. Si no lo hace, seguirá distraído, pero ya sin la excusa de que debe mantener a sus hijos o conseguir determinada meta profesional. En este caso, el jubilado se adormece y deja de ser interesante para su entorno, pues actuará con los mismos automatismos que usaba antes. Habrá perdido realmente la oportunidad de vivir una vida nueva, de acuerdo con su situación. Irán llegando las molestias, los dolores, la decrepitud en medio de una gran confusión mental, que le llevará a aferrarse a los mecanismos con los que lo adoctrinaron ya de pequeño. Es el camino hacia la inutilidad social y la frustración personal.

El jubilado trascendente puede (debe) leer a líderes intelectuales de las dos posiciones básicas respecto de la política y la sociedad. Así es aconsejable leer a autores conservadores como Roger Scruton, Antonio Escohotado o Niall Ferguson y a autores de pensamiento contrario como John Rawls o Paul Krugman, con lo que iniciará un combate consigo mismo que equlibrará sus creencias con suficiente fundamento. También le interesará la lucha entre titanes como Keynes y Hayak. Unos contrastcs que, como ducha escocesa, algún efecto benéfico provocará sobre su propia posición. Le enseñará a vivir en permanente búsqueda de conciliación de ideas ante los poderosos hechos y argumentos que mantienen ambas partes y que tienen tanta influencia sobre la vida propia y, más importante, la de sus hijos y nietos. Así, podrán mantener permanentes, provechosas y serenas conversaciones con sus hijos y hacer un uso responsable de su capacidad de voto.

Este tipo de jubilado no tiene que serlo a tiempo completo, pues debe conciliar su estado de realismo místico con el deporte, los recados, el huerto o la petanca, según gustos. Actividades que cubrirán casillas de su mente en perfecta armonía con el pensamiento profundo al alcance de todos. Un pensamiento que debe ser compartido en dosis soportables con los demás, para evitar que cada uno por separado lleve la carga completa de un supuesto sinsentido de la vida.

El jubilado trascendente, podrá racionalizar sus miedos y controlar la ansiedad que no tiene origen en causa concreta alguna. Podrá compartir, deberá compartir con otros sus preocupaciones haciéndolas más livianas porque tendrá un discurso racional e inteligible. Podrá afrontar problemas eternos sin acudir a la sofistería o a religiones paliativas tan a menudo ligadas a líderes sospechosos, exigentes de favores estrafalarios y diezmos innecesarios.

Dolores

Desde que estoy jubilado parece que tengo más dolores, pero, en realidad, es que les presto más atención. En general, son dolores articulares que (los más característicos de la edad), pues envejecer es, de algún modo "secarse". Poco a poco se pierde la lubricación, y no es una metáfora, y aumenta la fricción entre "piezas", especialmente del esqueleto. Por eso, es muy importante el ejercicio para que la musculatura esté flexible y mantenga el "mástil" enhiesto. Bueno, esto último es una redundancia, pues "*histos*" es "mástil" en griego y de ahí, por ejemplo, histograma que es una serie de mástiles gráficos. Esa fricción produce dolores, supongo que porque afecta a nervios colocados ahí para avisarnos de que algo va mal.

También reclaman protagonismo las lesiones de la piel, tras años de descuido y exposición a la benéfica y peligrosa, al tiempo, radiación solar. Por eso a los jubilados se les distingue porque llevan una juvenil gorra de béisbol. Mi experiencia avisa de que hay que llevar sombrero, pues la orejas también "son piel" y no pocas lesiones graves se derivan de estar mal informado al respecto.

Hay otro tipo de dolores o molestias que, si se les presta atención, tienen como consecuencias un montón de gestiones, como ir al médico, ser observados por los captadores de máquinas sofisticadas que llamaremos "amancianas", por Amancio Ortega, nuestro más potente y generoso mecenas. Después, es muy posible que seas perforado por gomas de grueso calibre que te meten por la boca y el ano (en ese orden) para ver tu aparato digestivo y concluir que las molestias están en tu imaginación. Todo ello sazonado con algún insomnio producto de la soberbia de creer que tienes una enfermedad mortal. En una ocasión mi mujer me curó un cáncer de piel con una toalla húmeda (era una mancha de aceite lubricante).

Para no dejar espacio a estos dolores, que son soportables, la primera opción es tomar medidas reales de mantenimiento en el plano físico, pero, muy importante es, además, adoptar una determinada actitud en el plano mental. Y es la de no prestar atención a ese dolor molesto, salvo que la cosa vaya a mayores. Hacer como que no está presente. Los dolores también son susceptibles, tienen sentimientos y, por eso, cuando notan nuestro desprecio nos dan la espalda (¡Ay, la espalda!). El problema real no ha desaparecido, pero, ahora, no molesta. En este momento de éxito, lo que hay que hacer es mantener los ejercicios (yo estoy ahora doblándome por la bisagra media) aunque no duela o, mejor, porque no duele. Si alguien no quiere herir los sentimientos de un dolor es que no sirve para viejo.

Otra cuestión importante es que, si uno no consigue ofender a un dolor, el remedio es tener otro más agudo, porque la mente deja de sufrir por el que ha quedado relegado. Por ejemplo: si te molesta una rozadura en el dedo, pues coges y te das un martillazo, y milagrosamente la rozadura deja de molestar. No sugiero continuar con la serie, pues puede llevar lejos. Pero a los dolores hay que ofenderlos, despreciarlos, insultarlos en orden jerárquico. Primero, al dolor principal, para, luego, ocuparse del subordinado.

Por supuesto que para prevenir males mayores sólo podemos aportar sensatez en nuestros hábitos, especialmente alimenticios. Todo sin renunciar a una copita escocesa al mes y un quinto al día (digo yo), en medio de muchas legumbres, vegetales, suficiente pasta y pescado, carne blanca y moderadas aproximaciones a la carne roja empujada por pan integral y lubricada con moderada cantidad de vino. Si a pesar de todo aparece la "araña negra", pues a poner el cuerpo en manos de la medicina científica y el alma en el colchón de amor que ha debido uno fabricarse durante su vida.

Psicología del jubilado

La introspección está desacreditada como método de conocimiento psicológico, pero es el único acceso directo a la experiencia mental propia. Si, además, uno es un tipo normal (menuda pretensión), es decir, situado por la zona central de la función de densidad normal del comportamiento humano, puede ser útil utilizarla para clarificar ciertas cosas.

Se acaba uno de jubilar y mira su mente como si fuera un laboratorio en el que las condiciones han cambiado y, por tanto, cabe esperar la oportunidad de observar fenómenos nuevos. Una observación que pretende hacernos creer que hay un observador y algo que observar como si fuera ajeno a él. Lo que, de hecho, no ocurre, porque todos tenemos experiencias de cómo la mente va por su cuenta presentándonos, sin que lo reclamemos, pensamientos de origen u oportunidad dudosos.

El cambio de condiciones al jubilarse es importante. Un testimonio personal:

"*Hoy es lunes y estoy en mi casa escribiendo esto. Normalmente estaría en mi despacho de la universidad, a estas alturas del curso, preparando las clases, las prácticas y visitas inminentes a alguna de las escasas obras que estén activas en estos deprimentes días para la construcción. Pero no, estoy aquí escuchando música. La 6ª, 7ª y 8ª sinfonías de Haydn para más señas (Morning, Noon and Evening). De la música de Haydn dijo un director de orquesta que, escuchándola, 'el mundo parecía mejor'. Pues sí, lo parece. Estoy relajado, dos gatos me flanquean y repaso esta primera semana de jubilado y encuentro, junto a numerosas razones para estar bien, una para estar mal: se trata de lo que parece una constante de la homeostasis mental del ser humano. ¿Necesitamos estar preocupados? Si es así, esa es la razón de que, habiendo desaparecido la pléyade de problemas profesionales que se me hacían presentes cada mañana, me preocupan las minucias a las que, antes, no prestaba ninguna atención. Hay que combatir esta situación. Aún no sé cómo. Pero lo sabré*".

Así pensaba el autor en los primeros días de jubilado agobiado por el giro inopinado del contenido de su mente.

Después de algunos ensayos, resolvió el problema del vacío por la ausencia de problemas profesionales. Un vacío que tiene como consecuencia el crecimiento indebido de pequeñas inquietudes hasta la categoría de las grandes. Se trata de situar las minucias, crecidas artificialmente, en un marco más amplio. Hay que esforzarse, repitiéndose a si mismo que algo es una estupidez hasta generar un nuevo patrón mental, en el que se cambia la escala del problema reduciéndolo a la dimensión homeopática. Funciona. Para ello hay que tener o construir previamente un marco más amplio. Es decir, hay que pensar en grande. Buscar grandes asuntos. Por ejemplo, si se presta atención a las nietas, si se empieza a leer esa buena literatura que siempre se aparcó, se leen libros de arte y, no digamos, si practica algún arte, y si, más importante, se traza un plan de lecturas o documentales sobre historia que le conecten con la política y sus secuelas humanas y económicas actuales. De esta forma, sus argumentos tendrán mejor fundamento y relativizarán sus propias posturas basadas, muy a menudo, en prejuicios.

Resuelto esto, vamos a otro problema identificado entre los jubilados novatos: la selección de los asuntos de que ocuparse y su orden jerárquico. Hablo de asuntos legítimos y que nos producen obsesiones, como son el orden documental de nuestros archivos, el testamento vital, qué deporte practicar, qué leer, cuánto descansar, qué idiomas practicar, qué viajes realizar o qué compromisos sociales adquirir. Hace falta un criterio (o tres). Pongamos la disciplina, el placer (intelectual) y la belleza. De los tres criterios de Hyrum Smith (miedo, deber o amor), sólo debemos usar los dos últimos, pues el gran enemigo del jubilado es el miedo. No se le ocurra jugar a bolsa o invertir como algunos manuales recomiendan. Se crearía un estado de ansiedad innecesario y muy perjudicial pues se puede poner en riesgo el marco patrimonial de su estabilidad emocional.

Su propósito debe ser mantener la tensión activa sin traspasar el umbral del estrés. Además, el miedo ya se presenta sólo como para darle oportunidades adicionales.

EL DEBER

Una vez elegidas las acciones a llevar a cabo, realícelas sin imponerse agendas exigentes. Pase de unas a otras según se active su motivación. Si los jubilados no somos capaces de hacer esto, será la prueba de que la humanidad no sabe ser feliz. Es decir, el miedo no debe ser generado artificialmente, pero puede aparecer espontáneamente, como una angustia indefinida cuyo origen estaría remotamente en la desaparición como individuo. Y este es el centro de la acción que sobre sí mismo debe hacer un jubilado. Esta angustia no la palía ni la fe en otra vida, porque es inevitable una profunda sospecha sobre su realidad, ni la distracción con banalidades. Sin perjuicio de la fe religiosa, se debe encontrar el modo de vivir los últimos años con fortaleza basándonos en los vividos antes de la jubilación y en lo por vivir a partir de ese momento. Un "por vivir" que debe diseñarse para eliminar los desequilibrios que la vida profesional haya podido producir. Algo así como el alivio que se experimenta en el cuello (ese tramo entre los hombros y las ideas) cuando la acción de unas manos expertas relaja la musculatura que comprime las vértebras.

Naturalmente quien encuentre consuelo en creencias religiosas, especialmente las que prometen una vida tras la muerte, que goce de ellas siempre que estén profundamente ancladas en su alma y no sean mero oportunismo psicológico.

Si nos ponemos como meta el deber, tenemos que escoger muy bien los deberes, entre los que los de la familia serán los prioritarios, pero dejando espacio a la labor terapéutica, primero, y proyectiva, después, que los placeres, sensitivos, intelectuales y físicos pueden producir.

Para algunos de nosotros es necesario un cierto orden, una cierta disciplina que nos proporcione un marco resistente, estructural, en el que apoyarnos para evitar reproches del tipo *"papá o mamá ya no está para nada"*. No es posible el placer si el cuerpo está desatendido o no están las cosas en su sitio (documentos, recuerdos, libros…).

El deporte o, al menos, la acción física debe realizarse, aunque no apetezca, desde el principio, pues la satisfacción aparece pronto y, tras la ducha, es plena. Va en ello la prolongación digna de la vida. No puede uno convertirse en una cabeza sobre un cuerpo inerte con una especie de tetraplejia voluntaria. Pongamos, pues, orden y movamos sistemáticamente el cuerpo. Ojo a la flexibilidad tanto como la fuerza.

Ya tenemos las bases físicas. Ahora, la familia. Los primeros años de una vida profesional, y cada vez más, se está soltero, pero los babyboomers nos hemos pasado los siguientes cuarenta años casados. Probablemente el deber le llevó a una dedicación regida por la búsqueda imposible, pero necesaria, de la perfección, lo que quitó horas a la familia que le son debidas. Por tanto, es hora de estar más atentos al respecto.

A lo largo de esos años, si es un varón, se habrán empujado pocos carros del supermercado, por no estar en el sitio y el momento. Pero, ahora, queridos *babyboomers* deberán empujar todos los necesarios y, además, hará recados sin pereza y, aunque reconozca la injusticia, no cometerá la impostura de negar que pertenece, probablemente, a la última generación que ha disfrutado de un matrimonio con una superwoman. Pero ahora es el momento del *super-granddad*. Sin capa, sin mallas, sin musculatura artificial, sin volar, sin levantar un tanque con el meñique; procedente de una vida profesional satisfactoria es la hora de ser compañero o compañera integral.

Si ha sido una superwoman, le deseo el reconocimiento de su compañero, que deberá dar ese salto cualitativo que va de *"¿Te ayudo?"* a ocuparse directamente de la tarea, porque se ha prestado suficiente atención a la complicada labor de mantener un hogar. Una actitud que probablemente ya esté comprobando que es la de sus hijos casados. Hace unos minutos he mantenido una conversación con mi hijo mientras él planchaba y yo le hablaba de las últimas andanzas de mi nieta mayor.

EL AMOR

Este factor de motivación de Smith lo utilizaré para referirme tanto al amor a las personas, incluyendo la amistad, como el amor a las ideas y a las cosas.

No debe olvidarse el carácter no siempre simétrico de los afectos. Un jubilado debe estar preparado para eso, para amar sin que lo amen, para distinguir a alguien entre la masa consciente de que, ese alguien, te pueda confundir con ella.

El amor a las personas lo puede experimentar en sumo grado con los nietos, cuando tenga cinco kilos de personita en sus brazos y deje que sus emociones se liberen. Un jubilado puede amar mucho y debe hacerlo, para que sus fibras no se nieguen vibraciones a las que tiene derecho.

El amor a las ideas es contradictorio. Pues se las debe amar siempre en relación con los hechos. Nada hay más peligroso que amar ideas que niegan los hechos. No es lugar para discutir sobre la fuerza o debilidad de lo hechos; pero, si los negamos estamos perdidos, pues los delirios han hecho mucho daño en el pasado. Por tanto, hay que ser capaz de cambiar las propias ideas como se deja a un amigo desleal. Ideas son las creencias y las teorías con o sin fundamento en la experiencia, con o sin fundamento en la esperanza.

A continuación, llegaría el amor al pensamiento. Como esto va por barrios, hablaré de mi experiencia personal en la que pagaré mi deuda con la querida filosofía y terminaré de aprender inglés para hacer buenos los años de esfuerzos intermitentes para poder leer y escuchar de primera mano a los pensadores modernos no españoles.

Finalmente, el amor a la belleza, que produce en el cuerpo (que, como es sabido, tiene mente) todos los placeres que los artista plásticos, literarios y escénicos han sido capaces de despertar en sus congéneres. Espere así entrar en una atmósfera feérica, y salir sólo de vez en cuando, a respirar aire racional.

El efecto de la belleza sobre nosotros es uno de los grandes misterios por desvelar de la naturaleza humana. Es un placer oceánico que afecta a todo el cuerpo, incluida la mente. No se parece en nada a placeres más localizados y no se presenta siempre. Pero quien lo ha disfrutado lo echará siempre de menos. Kant hablaba de la activación conjunta y confusa de facultades, tanto las intelectivas como las sensitivas, en una mezcla en la que nuestra capacidad de comprensión conceptual y nuestra sensibilidad se presentan juntas en un vaivén placentero. Sea como sea, y a la espera de alguna perla desde la neuro ciencia, esta es una explicación satisfactoria, pues con ella se armoniza la visión abstracta del mundo y la intuitiva, directa.

Dirija una mirada atenta, muy atenta a los aspectos intelectuales de la Arquitectura y sus resultados. Mi consolidado interés como ciudadano y mi convivencia intensa con arquitectos en mis años de director de la ETSAE me impulsan a ese interesante ejercicio. Esta disciplina tiene que llevar a cabo la fusión necesaria de la belleza con la funcionalidad, lo que está en el origen de la mayoría de sus problemas sociales, pero la convierte en una perla solitaria que requiere una atención especial.

Cuando experimente ese placer tan especial, recuerde que estará compartiéndolo con gran parte de la humanidad, como prueba, la inacabable fuente de fruición que son determinadas obras de arte. Es una oportunidad más elevada de sentir directamente la pertenencia a una especie común. No tan potente como el sexo, pero más duradera.

HACER OTRA COSA

Identificado y resuelto el problema etiquetado como "*¡qué horror! no tengo problemas*", puede comprobar que hay otra amenaza en el horizonte del jubilado novato. Se trata de deslizarse por la pendiente de la comodidad hacia la actividad más placentera olvidando las demás. Es el problema que se puede etiquetar como "*¡qué horror! hacer otra cosa*". Dadas las múltiples experiencias posibles, pongo ejemplos personales. Cuando me puse a montar un blog, hice un primer esfuerzo para penetrar en las entrañas de WordPress, utilizando las técnicas enseñadas a mis alumnos en mi querida Metodología del Aprendizaje. Al momento, ya estaba secuestrado por ese seductor mecanismo que es el ordenador: tan silencioso, tan limpio, tan obediente, tan sumiso. Pues bien, hay que huir de la adicción. Es necesario tener una dieta de actividades variadas huyendo de ser atrapado como un friki comiendo comida basura en un sótano mientras teclea códigos. En mi caso, uso los mismos mecanismos que me sacaron de la adicción al tabaco cuando tenía treinta y tres años. Básicamente es considerar el estado de ansiedad consiguiente como una experiencia nueva que vivir con curiosidad y coraje hasta que la fuerza física de la droga se debilite. No pretendo comparar, obviamente, este caso con el de drogas más dañinas y adictivas.

Hay que sentir, pensar y actuar, o actuar, pensar y sentir, o… según preferencias. Un triángulo virtuoso que nos ha constituido y nos constituye. Hay que dejar que el sentimiento afecte al pensamiento y viceversa; hay que dejar que el pensamiento regule la acción, pero, también, que ésta modifique al pensamiento; hay que dejar que el sentimiento goce de la acción, y la acción no sature el goce. Hay…

Hay, pues, que vencer la resistencia al cambio que ofrece nuestra mente, tan dada a las adicciones, a la repetición de lo que encontró placentero en un momento determinado y quiere reproducir sin fin. Ninguna adicción, ni siquiera un pensamiento negativo, morbosamente sobado, debe sacarnos de la refrescante felicidad de controlar nuestras facultades y jugar con ellas a placer. Esta versatilidad debe afectar también a las creencias, que deben someterse a la regla general de ser modificadas en su relación con sentimientos y actos. En especial, las creencias deben someterse al frote con ese resultado complejo de la acción conjunta de pensamiento y experiencia rigurosa que llamamos hechos. Una servidumbre que se debe aceptar sin olvidar que los propios hechos pueden ser reinterpretados por el descubrimiento de hechos complementarios que aportan más conocimiento a la situación. Dificultad que no puede ser utilizada para, frívola y descaradamente, inventar hechos que contradigan los que son resultado de un trabajo riguroso de pesquisa.

Haga recuento de sus creencias y compruebe hasta qué punto están arraigadas en su ser haciendo el ejercicio de pensar las contrarias. Verá hasta qué punto le producen repugnancia. También experimentará el vértigo de perder pie y ahogarse intelectualmente. Pues piense que igual le ocurre a quien sostiene ideas contrarias y, por tanto, lo imprescindible de encontrar puntos de acuerdo.

Haga también este ejercicio: apunte las ideas que se le ocurren en un día, confesables o no, y verá, hasta qué punto, muchas de ellas, aunque familiares surgen sin control nuestro y nos imponen sus intereses. Pues bien, las ponemos en fila y "marcamos" aquellas que a las que no debemos dejar espacio por funestas. Cuando se presenten, usaremos nuestra capacidad de hacerlas competir con otras ideas mejores, que formen una barrera que debilite su potencia.

El jubilado, por tener más tiempo para meditar está en las mejores condiciones para comprender la complejidad de nuestra sociedad y las vanas razones por las que se imponen sacrificios a otros. El jubilado puede advertir con más facilidad la complejidad de la realidad y, por tanto, encontrar más rápidamente el camino del acuerdo que tantas veces echamos de menos en quienes nos representan, que pensando que somos combatientes de las ideas, nos las sirven depuradas, brillantes, sencillas, es decir, falsas.

El jubilado puede aprender a hacer otras cosas, entre ellas, pensar otras cosas.

ESCENIFICACIÓN DE LA PESAMBRE

Todos vamos cada día con nuestra pesadumbre a cuestas (*pesambre* en la huerta de Murcia). Siempre he pensado que cuando nos cruzamos con la gente por la calle a cada uno le pasa, en formato, pero no en contenido, lo mismo que a mí: o lleva una nube negra con la *pesambre* del día o una nube blanca con la alegría de la semana. Si pudiéramos leer la nube, que a modo de bocadillo de cómic llevamos encima, veríamos el discurrir de las vidas y las extrañas preocupaciones, o las no menos extrañas euforias que nos embargan o exaltan. No es posible leerlas, pero sí imaginarlas porque si, al contrario que los psicópatas, contamos con las llamadas neuronas espejo, podemos ponernos en el lugar de los demás e imaginar que tal les va. Si a eso añadimos que Joyce convirtió en literatura ese confuso flujo en el que discurren nuestros pensamientos, tenemos todos los mimbres para una reconstrucción verosímil. Añado que ese discurso es fragmentario y muy a menudo caótico en personas normales en función de los estímulos internos o externos. Nunca tiene la limpieza y orden de los pensamientos reconstruidos o los recuerdos ordenados que vemos en obras de arte como "*En busca del tiempo perdido*" o en novelucha sin mérito.

Veamos un ejemplo (ejemplar) de la irrepetible, y no repetida, novela de James Joyce (fragmento del pensamiento de Molly):

"... yo no soy así él podía haber dormido fácilmente aquí en el sofá del otro cuarto me figuro que era tan tímido como un niño siendo tan joven apenas 20 años en el cuarto de al lado mío él me habría oído en la bacinilla vaya qué tiene de malo Dedalus no sé si es como esos nombres que tenían en Gibraltar Delapaz Delagracia

demonios de nombres raros allí padre Vial Plana de Santa María que me dio el rosario Rosales y O'Reilly en la Calle las Siete Revueltas y Pisimbo y señora Opisso en Governor Street ah vaya nombre yo me tiraría al agua en el primer río si me llamara así ah Dios mío y todos esos pedazos de calle rampa del Paraíso y rampa Bedlam y rampa Rodgers y rampa Crutchett y la escalera del paso del diablo bueno no es culpa mía si estoy chiflada que ya sé que lo estoy un poco bien sabe Dios no me siento ni un día más vieja que entonces no sé si sabría soltarme la lengua con un poco de español cómo está usted muy bien gracias…"

No es fácil ni siquiera repetir el propio discurso mental, porque en cuanto lo intentamos algo se activa en nuestra mente y nos impone un orden que no echamos de menos cuando pensamos sin ayuda de papel y lápiz, teclado mecánico o electrónico. Veamos:

"... *voy a ver... qué tío Paco de... quién hubiera sabido tocar algo... vamos, vamos, qué gusto en el atardecer... qué sol de poniente... la gata aplanada... se acabó la música... Youtube proveerá... voy a cambiar...Bacarisse... los violines me ponen alas. ¡Vuelve al propósito!... el flujo del pensamiento ¿cómo inventarlo?... ¿iremos a tomar chocolate a la plaza de la Catedral?... Qué cachondo el Quijote cuando lo lees al atardecer (de la vida)... ¡qué vibración!... pensaré en gente corriente que represente a gente corriente e imaginaré... ¡Lisa aparta!... que estoy pensando... escogeré hombres y mujeres, ricos y pobres, heteros y homos, felices e infelices... la guitarra...*"

Se ve que hay un pensamiento tratando de hilarse estorbado por intromisiones sobrevenidas de fuera (la guitarra de Yepes) o de dentro (el chocolate). Ahora escribo en orden porque estoy eliminando lo que estorba al relato. Por eso ayuda tanto escribir. Escribo al dictado de mi pensamiento, pero mi pensamiento se ordena al dictado de la escritura. Ya he dicho que la introspección es poco de fiar, pero no tenemos otro modo de acceso a nuestra conciencia. Si no, haríamos como los animales que, si no están prestando atención al exterior, se duermen. Ya lo dijo Brentano: la conciencia es intencional (siempre tiene un objeto). Me gusta tener conciencia. Cuando el cuerpo no te reclama atención nos vamos al lugar que tanto inquietaba a los clásicos y gustaba a nuestra contemporánea Hannah Arendt. Cuando se recibe la noticia de una enfermedad grave lo peor no es pensar que te vas a morir, sino que esa congoja no te va a dejar visitar tu lugar preferido (tu propia mente). Nostalgia de hacer lo más específicamente humano cuando las injusticias con el propio cuerpo, o con el de los demás, no nos asaltan en forma de mandato ético a la acción.

Aquí paro. Vamos figuradamente a la calle. Fingiré que no sé quién es o a qué se dedica aquel al que le robo el pensamiento para traerlo a trozos de su nube a este papel.

Delante de mí va un joven cuya vestimenta no me da pistas, aunque parece llevar la camiseta con la que ha dormido. Pantalones bermudas, zapatillas de deporte caras con calcetines cortos. Un tubo en la mano. Me esfuerzo en leer su nube, porque la veo al revés (las nubes se leen bien cuando te cruzas de frente, pero tienes menos tiempo). Empeñado en saber lo que pone (lo que piensa) lo sigo, aunque me desvía de mi camino. Leo en su cerebro:

> *"llego tarde, ¡mierda! por un rato más, Celia te quiero... menudo palo me va a dar el profe... el examen... el viernes... ¡me he dejado el bono en casa!* **(veo que se palpa)**... *¡está aquí!... le tengo que devolver a Chema el que me prestó... ¡Mi padre! ¡Me he traído las llaves del coche!... ¡Me mata!...* **(se mete la mano al bolsillo y saca y teléfono y la nube se apaga mientras habla ¡no! se enciende otra vez)**... *qué rollo le cuento...* **(se apaga, se gira bruscamente hacia mí para volver a su casa y al pasar le leo)**... *era mi última oportunidad de aprobar materiales... ¿por qué cogí el coche ayer?... Celia te quiero..."*

Liberado de mi primera obligación telepática, fijo mi atención en un hombre con aspecto de tener una gran autoestima. El mentón firme, el rostro muy bien afeitado. Hace fresco, pero no lleva gabán, le basta con su traje impecable y su brillante

75

corbata. Viene hacia mí. Leo directamente en su nube:

> *"... cuatro años lamiéndole el culo a Miranda, hoy me nombra director... ¡qué buena está Marisa!... si no me nombra, lo rajo... paro en Coffe y la veo... no voy a ir a la boda del imbécil de Jorge... por mucho que se empeñe... ¡cuidado!* **(elude a un pordiosero)** *... qué buena está Marisa... 6000 euros al mes..."*

Nos cruzamos y ya no puedo leer su nube de perfil, por lo que sigo al pordiosero, aunque no leo su nube bien (no tiene dinero para repararla):

> *"... ¡Me ha echado a patadas" Miranda se llama el hijo puta... y me he dejado los cartones... toda la noche con la luz encendida... ¡mi Don Simón a medias!... desgraciado... Mario el cura... no vuelvo... Ni Jesús Abandonado... ni... ¡mis cartones!... ¡me cago!... ¡qué hambre tengo... Mi Don Simón..."*

De repente se apagó su nube y se cayó al suelo... Llamo al 112... es miércoles santo... un nazareno pasa indiferente... Se enciende la nube, leo atento:

> *"... ¡llego tarde!".*

Cuando se lo llevan en ambulancia había un corro de mirones. Los observé de abajo a arriba desde el suelo y había otras tantas nubes, pero se mezclaban unas con otras y no era fácil leerlas. Pude ver algún fragmento:

> "... ambulancia, enfermeros... y todo esto lo pago yo con mis... ¡pobre hombre...! llego tarde... **(uno de atrás que no veía tenía su nube por encima por no sé qué extraño fenómeno astral y leo en ella)**... ¡Si Franco viviera!..."

Un rato después estaba en la Gran Vía y veía nubes por todas partes. Traté de concentrarme en la de un señor que se bajó de un coche lujoso y continuó su camino:

> "... la mañana entera en la notaría... usaré lo guantes para contar dinero... ¡estos payos ponys!... pringados... bueno, vivo de ellos... ¡como Juan no apruebe la oposición se queda sin Jaguar!... no se merece su novia... ¡qué buena está!... ¡cuidado! a ver si se te escapa algo delante de Ginesa... Mi abuelo... qué beso le dio a Juanita en los morros, ¡que guarro!... este notario me tiene hasta los cojones..."

Entró en un portal, un hombre bajo con su mujer entró detrás de él. Como su nube se leía contra la penumbra del portal invirtió los colores y la puede leer con las letras en blanco:

*"... Johnny ¿cómo carajo vamos a pagar esto? Germania se ha empeñado... **(la miró)**... No me fío del banco... mañana alcachofas, pasado tomates... ¡uf qué calor en el campo!"*

No pude leer más y seguí para fijar la mirada en la nube de un joven con barba bien afeitada y traje, en la que leí:

"... lo conseguí... voy a ser presidente... y mi padre que pensaba que era tonto... ¡La virgen!... Orenes... tú presidente... Estos de Queremos asustan tanto... ¡comunistas!... Mi hijo me verá en los papeles... este traje no me sirve... ¿llevaré banda? ¡Jódete Rafael!... Si Pablo cree que me voy a quitar después... tengo que hablar con el juez... este verano velero... ja, ja ¿me imputarán por quitarle el bocadillo a Juanito?... la memoria histórica ¡me parto!... "

Estaba intrigado con el chico cuando se le apagó la nube al entrar saludado por los guardias en San Sebastián. Me empezó a rondar una idea

que no vi en mi cerebro en letras sino en imágenes:
Si yo veía las nubes de los demás ¿estaría alguien
de los demás viendo la mía? Si así fuera, sabrían
que me estaba enterando de todo el pensamiento
de este joven. No me dio tiempo, me derribaron y
esposaron. Un señor que pasaba leyó en mi nube:

"...la cagaste Burt Lancaster, sí que las leen"

La psicología del jubilado es quebradiza porque los cambios de su cuerpo afectan a su estado
de ánimo. Por eso, debe tener un plan que le evite
la confusión y la "pesambre" a sabiendas de que
"como todos los seres humanos" su vida tiene un
límite natural. Pero este final no debe tener más
presencia en su día a día que cómo estímulo para
vivir el momento.

CICLOS[2]

Un ciclo es un proceso que se repite. En realidad, un ciclo es una circunferencia. El círculo es la imagen que todos nos representamos cuando nos queremos imaginar un proceso repetitivo. La física nos ofrece muchos ejemplos de ciclos, desde un péndulo a un cometa. A mi me gusta este último. Cada 75,32 años el cometa Halley es visible desde la Tierra, es decir que da una vuelta completa a su órbita cada vez que pasan esos años. Con la edad media de un español, puede verlo una vez, porque si lo ve con 75 es improbable que se enterara recién nacido la vez anterior. Pero sirve para la idea que quiero transmitir, porque es un caso extremo y un tanto deprimente, dado que, si los ves con treinta años ya puedes decir que no lo verás jamás y al ser humano no le hace gracia los "*jamases*" y, si te cuentan que ya habías nacido cuando

---

[22] Este apartado y el de "exageraciones" se nutre de mi blog https://ascavamol.me y de un capítulo del libro *Artículos a cuatro manos*, escrito con Emilio Cachorro.

pasó la última vez aspiras a verlo, es decir a cumplir 75 años más de los que tenías entonces.

Los ciclos marcan el ritmo de la vida con más o menos intensidad. Por ejemplo, la ITV es una pejiguera porque tiene la "virtud" de hacerte pensar "*¿ya ha pasado un año?*" Y fijémonos en la cantidad de acontecimientos que pasan en un año, pero la ITV tiene esa maldita condición de tragárselos en un instante, ese en el que nos llega el aviso. Igual ocurre cuando llega el viernes y nos decimos alegres "*¡ya pasó la semana!*", por aquello de la maldición bíblica al ser expulsados del paraíso. Me llama mucho la atención la insistencia con la que conocidos comunicadores insisten los lunes en lo larga que se hace la semana, y los viernes en que por fin se acabó la semana. Da la impresión de que no les gusta su trabajo, o que piensan que no les gusta a sus oyentes. Concluyo que se dejan atrapar en el tópico de la maldición bíblica y se les escapa sin querer. Mala cosa es si llegamos a la jubilación después de haber vivido como ratones en una noria. Como si el ser humano fuera capaz de vivir sin trabajar. Cuando digo vivir, no me refiero a respirar. La prueba está en que los ricos hacen deporte y, algunos se juegan la vida con estrafalarios retos como viajar por la estratosfera en globo.

No es muy honesto que diga esto porque yo estoy jubilado ya de un trabajo en el que disfrutaba tanto, que el famoso viernes me pillaba desprevenido. La prueba es que, puedo prometer y prometo (Suárez *dixit*) que, ya jubilado, trabajo todos los días en mi blog (https://ascavamol.me) y no me alegro de que llegue el viernes. Lo que quiere decir que he logrado romper con el hechizo de los ciclos.

La semana es un ciclo que lleva a algunos al extremo, no de resolver problemas en su trabajo, sino de resolver mañanas y tardes. Es decir, esperan a estar camino del sofá para decir, "*¡qué día más bien resuelto!*". Es el síndrome Serrano (de Gregorio Serrano el director general de Tráfico), ese señor que resolvía las crisis desde su casa echando por tierra todos los intentos del gobierno de desacreditar la idea de que se puede presidir una comunidad autónoma desde Bruselas, como pretendía Puigdemont. Es el síndrome del sofá.

Cuidado, pues, con los ciclos. Porque si reducimos las semanas a los viernes, los meses a la paga y los años a la ITV, acabaremos reduciendo la vida a cuatro acontecimientos, "*¡Anda, ya he acabado la carrera!*"; "*¡Anda ya me he casado!*"; "*¡Anda, ya me he jubilado!*" y "*¡Anda, ya me he muerto!*". Lo que es una pena porque la vida está llena de sorpresas y vivencias cada día, de modo que cuando tengas la tentación de decir "*¡Otra vez está aquí el cometa Halley!*" rechaza la idea y céntrate en lo que ha pasado en estos 75 años y verás, si no has hecho el piernas, qué cantidad de bellísimos, emocionantes, intensos e interesantes acontecimientos han llenado tu vida.

Entre los ciclos más perversos están las guerras y las crisis económicas. De ahí la importancia de que los jubilados aprovechen su tiempo para que parte de la sociedad no se deje embaucar por el latido de la sangre patriótica (salvo agresión), ni por la llamada de la riqueza rápida en fases expansivas de la economía. El jubilado debe ser un contrapeso del peligro del olvido del sufrimiento que los jóvenes pueden sufrir por desconocimiento .

Los "ancianos de la tribu" deben cuidar de los suyos, en vez de mostrarse contumaces en el error, como hicieron los mayores británicos apostando por la salida de la Unión Europea.

EXAGERACIONES

Cuando uno es un adolescente se suele echar años y cuando es mayor se los suele quitar. Al menos eso es lo que yo había oído decir. Hannah Arendt dice que la percepción del paso del tiempo es la misma de niño que de mayor, pues, en ambas etapas el juicio se emite en relación con el tiempo que se ha vivido (en el niño) y el tiempo que nos queda (en el viejo). Conclusión: que para un jubilado el tiempo trascurre más lento.

Si Arendt tiene razón, ésta sería la explicación de mi caso, pues en vez de quitarme años me los pongo. Pero no, la explicación es mi vanidad. Si estoy haciendo deporte y un muchacho de estos al que todavía le quedan muchas ITVs me echa 50 años porque corro detrás de la pelota, le digo rápidamente que tengo 70. Lo que no es verdad, pues tengo 68. Y, además, pienso aumentar la apuesta y pronto me echaré tres años más. De este modo, consigo varios efectos, todos benéficos. El primero, escuchar su asombro, que es una pomadita para mi ego. El segundo estimular su propósito de cuidar su salud, pues yo no digo "modestamente": "*Es que tengo buenos genes*", que probablemente sea lo cierto, sino que digo: "*Es que he hecho mucho deporte*". Ya saben, cargo el mérito a la cultura en vez de a la naturaleza, lo que probablemente sea falso como exageración que es. ¿Pero exagerar es una falsedad? yo creo que es sólo un juego. Un juego inocente de los muchos que hay que jugar para que la vida se desprenda de la gravedad que la vuelve funesta. Creo que el humor debe ser como el vapor en una olla a presión, que debe empujar queriendo salir para resolver todas las miserias en una carcajada universal. Pero el humor hay que practicarlo mientras uno se remanga y echa una mano a su entorno.

El humor al que me refiero es más una actitud que la capacidad de contar chistes. Es estar alerta a las situaciones y sus matices humorísticos que surgen de la sorpresa semántica y de una permanente autocrítica benevolente, que nos presente ante los demás, no como una carga, sino como una ayuda para la vida. Nadie quiere estar al lado de un gruñón y menos si los gruñidos son injustos y se emiten desde un siniestro egoísmo. Es preferible que se diga de nosotros que somos la sombra del terrible cascarrabias que fuimos en la juventud, a que se diga que somos insoportables porque no hemos podido superar las molestias de la vejez. Tras la jubilación se presenta una nueva oportunidad de reconciliación con la vida que no debe ser estorbada por el resentimiento.

Hay que provocar que se te diga: "*¡qué bien te veo!*" a escuchar "*¿has estado enfermo?*". Y la diferencia está en la sonrisa. Sonrisa a la que contribuye también la diablura de exagerar tu edad para regalar tu oído y no contar tus males, salvo que sea una conversación seria con alguien que está en el secreto de tus molestias: otro jubilado.

Exagerar es como utilizar una lupa o un zum, permite ver las cosas mejor. Cuando el escritor Francisco Ayala cumplió 103 años, le hizo una entrevista el periodista Iñaki Gabilondo. Detrás del escritor había un monitor que le permitía leer to-davía a su edad. La pantalla mostraba unas letras que debían tener veinte centímetros. Una exageración física y benéfica. Los jubilados podemos exagerar nuestra edad y, también, nuestros logros, si así los que nos escuchan ven más claro lo que se les pretende explicar.

El jubilado debe estar continuamente explorando su interior para conducirlo a una posición activa de responsabilidad con la vida y de humorada actitud ante los despistes de los jóvenes a cargo del mando.

Obligaciones nuevas

Después de poner orden en sus cosas, el jubilado tiene que poner orden en su interior. Pasados unos días de esas semanas iniciales, se puede observar que la nueva rutina, resulta estar compuesta de obligaciones autoimpuestas por deber y de placeres buscados y aceptados premeditadamente. Pasado un cierto tiempo, las obligaciones se llevan a cabo placenteramente y los placeres se convierten en obligaciones. La plasticidad del cerebro es extraordinaria.

Tipos de obligaciones: buscar un fontanero, comprar alguna comida, pelearte con una compañía de seguros, renovar el DNI. Tipos de placeres: progresar con el inglés, leer a Javier Gomá, Leer a Colin Davies, Leer a Antonio Damasio, escuchar a Edward Elgar, Ruiz Pipo, Tony Bennet o Diane Krall, pasear, jugar al pádel, charlar con la mitad de sí mismo, charlar con amigos, ir al teatro, a una exposición o al auditorio, estar con los nietos y su abuela, ver una serie y dormitar.

Lo de viajar, bueno, yo he disfrutado mucho con un criterio determinado para elegir lugares, pero si combino en la cabeza los paisajes y las ciudades visitadas, salen casi todas las visiones posibles que un viaje nuevo puede proporcionar. Pero, eso va según tipos de jubilado. Yo tengo amigos y amigas para las que viajar les proporciona una nueva vida y el low-cost, mientras dure, les da la posibilidad de ser felices recorriendo el mundo. A ellos les haría una recomendación: estudien la ciudad o el país que van a visitar. No se limiten a disfrutar de paisajes o de ciudades de las que no saben nada. El goce es mucho mayor si saben que tremendas fuerzas o que extraordinario talento las constituyó.

He optado por trabajar en las obligaciones un máximo de dos horas y cuando se acaban pasar a los placeres, Pero sin dogmatismos, ni rigideces. Naturalmente, con los años irá tomando su tiempo las consultas de los médicos y las rehabilitaciones hasta que lo ocupen prácticamente todo. En ese momento espero que no me pase como al estadístico De Moivre, que pudo predecir el día de su muerte estudiando la serie del incremento de tiempo empleado en dormir. Al llegar a las 24 horas se durmió del todo.

Cuando trabajaba, citarse con alguien para tratar un tema profesional o un problema era lo normal. Al despertar me acudían a la mente las citas más relevantes y mi mente se iba directamente a su preparación estratégica. Así desde una reunión del equipo de dirección, donde siempre podría surgir una sorpresa, hasta la reprimenda y reconciliación a quienes habían sobrepasado ciertos límites etológicos. Pero, ahora, cualquier compromiso distinto a los que la vida cotidiana supone es una especie de obstáculo a vencer. Incluido un partido de pádel, por la auto exigencia que siempre he imprimido a mis actividades. Si esto ocurre hay que bajar el nivel de exigencia hasta que pase y volver a subirlo poco a poco para no volverse excesivamente débil de espíritu.

La vida placentera habitual comienza con la lectura reposada mientras se observa la actividad callejera por el cristal, continúa con la escritura acompañada de música, que permite mantener el equilibrio entre las entradas y salidas de ideas y culmina con las horas compartidas con mi compañera y, algunos días, con el juego compartido con mis nietas; más tres días a la semana de deporte y citas dosificadas con amigos para disfrutar y conservar la amistad. Este paquete incluye una siesta diaria inducida por alguna conferencia en inglés, lo que me permite mantener lo que tanto esfuerzo me costó en los últimos años de universidad. Este es el núcleo de mi actividad de jubilado, y tengo que reconocer que no sé en qué piensan los que diseñan utopías, pero yo ya estoy en ella.

Sin embargo, los compromisos distintos de esta divina rutina me alteran (literalmente me hacen otro). Esa agenda externa, que antes llenaba la actividad frenética de la vida activa, sin producir efectos notables, ahora es un incordio. Tal parece que, a estas alturas, la felicidad estuviera más asociada al reposo en lo ordinario que en el movimiento de lo extraordinario. En todo caso, necesito más tiempo para transformar lo novedoso en parte de lo ordinario. Sospecho que este rechazo a citas inopinadas con esto o aquello tenga que ver con el rechazo a la Gran Cita que es la muerte. Debe ser que mi mente recela de todo aquello que no forme parte del ser que mi biografía ha gestado, como alerta ante la única cita ineludible.

El ideal sería hacer lo que te gusta hasta que te cansas y pasar a otra cosa estimulante. Sería un flujo de actividades cuya transición es provocada por la saturación. Naturalmente, se vuelve sobre lo abandonado cuando el deseo recupera su frescura. La frontera es móvil, pues el deseo lo es. Si no se puede hacer tal cosa, hay que dar la vuelta a la situación pasando con determinación por la transición, como se hace cuando no queda más remedio que tomar una ducha fría, porque una vez en la nueva tarea, ahora lo que molesta es interrumpirla (de ese extraño material estamos hechos). A mí me funciona porque la vida no siempre se acomoda a tu energía vital. Y si nada de esto funciona, queda la entrega a los demás que es una fórmula infalible.

Armonía

Siempre he procurado practicar la medicina preventiva antes que pasar por un quirófano o ser objeto de tratamiento complejos y convalecencias largas. Por esta razón o por suerte, nunca he estado seriamente enfermo y nunca me he roto nada. Por eso, he firmado ceder mis órganos sin engañar a nadie, pues ni el whisky ha estropeado mi hígado o mi vejiga, ni las carnes rojas mi estómago, dado que no he abusado ni de uno y de otra. He hecho deporte siempre y, por tanto, no he frustrado el proyecto de mis genes con imprudencias. Pero sé de sobra que nada, ni siquiera los intentos de Peter Thiel por ser inmortal, evitarán la última cita, aquella a la que, si no acudes dará igual, pues las consecuencias serán las mismas. Los jubilados debemos acudir a esa cita sin patalear, sin que nos tengan que sostener, caminando (figuradamente sirve) con pie firme.

Creo que la ventaja de una vejez en la que se acompase la decadencia física y mental, sin que ninguna de las dos se adelante a la otra, te permite reconciliarte con la muerte, "*la dulce hermana*" me dijo el escritor murciano Castillo Puche en la celebración de un reconocimiento que le hicieron. Obviamente, no me conocía ni antes ni después de decírmelo, pero supongo que pensó que, en todo caso, estaba hablando con un congénere con suficiente edad para entender el sentido de su descripción de la Parca. Él tenía todo el aspecto de haber alcanzado esa armonía entre estado físico y salud mental a sus ochenta y dos años. Murió tres años después y, espero, que con la misma serenidad que mostró ese día. Serenidad en la que yo trabajo, para que la única cita que, en realidad, interesa, me pille preparado.

La vida es un regalo y un misterio. Es un regalo porque la obtiene uno sin esfuerzo y es un misterio porque sólo en ella está su propio sentido. Buscarlo más allá es una pérdida de tiempo. Quien no disfrute la vida por sí misma, se la pasará buscando sustitutos y se le acabará sin alcanzarlos, en una curiosa lucha por dejar de luchar. Como toda la gran filosofía y la gran literatura, la poesía, el arte plástico, el cine y el teatro muestran, en la vida hay que alcanzar un amor y el respeto. Su ausencia está detrás de la mayoría de las catástrofes humanas. El amor, una experiencia que va asociado a una persona, se hagan los experimentos que se hagan antes o después, y a los hijos. Se puede vivir (respirar) sin amor y sin hijos, pero allá cada cual. Aunque, obviamente, hay casos en los que los hijos no llegan, pero cada vez son más escasos por los avances de la ciencia y la adopción. También se necesita el respeto de los demás, porque eso querrá decir que uno ha devuelto a su tribu lo recibido en forma de educación o salud, pues todo lo que es verdaderamente importante se logra en la acción conjunta y coordinada entre muchos para muchos.

El ocioso no consigue ser respetado, ya se base su ociosidad en la riqueza por herencia o por su capacidad para vivir de los servicios sociales, pudiendo corresponder con su esfuerzo al bien común. Estas invariantes están presentes en las muchas formas que la sociedad ha establecido para su equilibrio: ya sean profesiones o actividad/pasividad política. El jubilado debe traspasar la relación activo-pasivo mostrándose activamente pasivo. Algo así como *acsivo* o *pactivo*. Milagro que se consigue siendo activo en lo que le gusta y en los que considere sus deberes. Es decir, la conocida pareja placer-deber, que sólo él está en condiciones de practicar de forma satisfactoria.

Por otra parte, el amar y ser amado, atraviesan nuestras coordenadas vitales y sociales llevándonos a tomar unas u otras posturas, pero siempre serán el motor de nuestra acción. En los animales de nuestro entorno se aprecia vestigios de esa misma necesidad, pero en el ser humano hace cumbre, porque nada apreciamos más que el aprecio de un congénere, por la vía del amor o de la admiración. No poca crueldad tiene origen en los *afectos asimétricos* debidos por parentesco. Personas que hacen daño porque se sienten patológicamente carentes de lo que más ansían. Por eso es tan fácil pasar del amor al rencor.

Pero tras la jubilación, si ya hay menos oportunidades para el amor, sigue habiendo espacio para la amistad nueva y para profundizar en las añejas. Eso contribuye a encontrar la armonía que ha podido faltar durante la vida profesional. Del mismo modo que durante nuestra vida activa emergen tozudos algunos impulsos que habitan en los más profundo de nuestra naturaleza, tal como el sexo o la ambición, durante nuestros años de apartamiento del vórtice profesional emerge un deseo de reposo y equilibrio que es la antesala de la devolución del regalo que recibimos al nacer y el cimento, para la mayoría, de largos años de armonía personal. Ninguna deuda con el pasado debe ser obstáculo para conseguirlo.

Amigos

El jubilado debe cultivar la amistad. Con esto no quiero decir que siga siendo amigo de sus amigos, que por supuesto, sino que, si durante su vida activa conectó con personas dentro del marco laboral a las que admiraba y apreciaba, debe, en la medida que el otro lo desee, encontrar la forma de reunirse con él varias veces al año. No es una situación fácil porque habrá una disonancia de intereses, al estar uno inmerso en problemas prácticos, mientras el jubilado habrá conectado con otros mundos. Pero es posible, sobre todo si el jubilado es inteligente y no carga demasiado el sentido de la conversación a lo que al otro le puede parecer una provocación. Al contrario, debe interesarse por los problemas que acucian al amigo y ayudarle en la medida de lo posible con comentarios amables, sin dejar de sugerir conversaciones más generales, como las de política o economía.

Más fácil es mantener la amistad con compañeros que también se hayan jubilado, pues ahí la ayuda puede ser mutua. No me estoy refiriendo a las reuniones organizadas por nostálgicos de un pasado idealizado que consiguen reunir a decenas de exalumnos del colegio. Una experiencia que puede ser reuniones de antiguos "enemigos" que quieren curiosear en cómo "le ha ido" a los demás o puede ser benéfica. Precisamente pronto voy a probar esa fruta, pues quiero explorar qué sentimientos despierta con mis compañeros del colegio del El Pilar de Tetuán. Pero creo que la amistad es una afección del espíritu que se practica dos a dos o, como mucho, de tres en tres. Más allá se pasa de los amigos a los amigotes.

La amistad ha sido siempre celebrada. Horacio el poeta le pide a la nave que conduce a su amigo Virgilio que preserve la vida de "*la mitad de su alma*" (*et serves animae dimidiun meae*).

También es bueno mantener relaciones de amistad en ámbitos diversos que te dan perspectiva e, incluso, te permite conocer mejor la sociedad activa a la que has pertenecido. En todo caso, se necesita perseverancia, pues si no hay un ritmo de encuentros, la amistad no desaparece, pero se marchita. No hay nada inmarcesible.

La memoria

Una forma de comprobar la riqueza de nuestra vida es registrar la memoria que tenemos de ella. Si del balance se deriva una cierta decepción, es el momento de tomar decisiones sobre ese mínimo de quince años que nos garantiza la estadística de esperanza de vida. Cuando digo registrar me refiero a redactar una crónica de nuestra vida. Si tenemos documentos y fotografías es posible establecer un orden cronológicamente suficiente para que todo vaya encajando. No debemos poner freno a las emociones que experimentemos ante esos testimonios y escribir, con más o menos torpeza, de ellos. Los nuestros nos entenderán.

Se suele decir que la persona mayor recuerda bien el pasado remoto y mal lo que hizo ayer. Mi teoría es que eso le pasa a todo el mundo. Es lógico que te acuerdes de cosas lejanas que llevas años rememorando y que no te acuerdes de actos de ayer realizados automáticamente, sin prestar atención. De ahí la frase ceremonial *"estoy cerrando la puerta con la llave"* como mecanismo nemotécnico para no volver sobre tus pasos a comprobar si dejaste abierta la puerta de tu casa, tengas la edad que tengas.

La memoria no es un almacén, sino un sistema dinámico, que si no es activado va economizando conexiones desconectándolas para otros usos. Ese sistema activo es tan importante que es el fundamento de nuestra apariencia de identidad inmutable. Si olvidamos quién somos ya hemos llegado al final del camino. Como sistema dinámico sólo puede existir en el presente. No tiene una dimensión exclusiva a la que acudimos cuando queremos para regresar al presente a voluntad. Aunque vale como metáfora, pues cuando queremos entrar en ensoñaciones del pasado abandonamos la atención de lo que ocurre en nuestro alrededor y viceversa. Ocurre igual con una reflexión o con un acto creativo de la imaginación. Y todo ocurre mientras el conjunto del sistema está en flujo permanente, que es su forma de existencia. La solidez de nuestra identidad, de nuestros recuerdos o nuestras ensoñaciones se parecen más a la de una rueda de radios a gran velocidad, en la que no podemos meter nada, aunque esté llena de espacio. De ahí la importancia de que los jubilados nos mantengamos activos intelectualmente, creando conexiones cerebrales nuevas y utilizando las antiguas a base de penetrar en ideas nuevas y rememorar los acontecimientos antiguos.

Al ir desplegando los acontecimientos de nuestra vida, se verá cómo toman sentido o cuántas estupideces hemos cometido. Todo sirve para construir un estado de ánimo que nos proyecte hacia el futuro que todavía nos espera. En ningún caso, el que sepamos que hay un límite absoluto, debe ser un obstáculo, pues las vidas jóvenes están igual de amenazadas. A medida que los intercambios de energía han aumentado en velocidad e intensidad ha aumentado el riesgo de morir a cualquier edad. Así, esos autobuses llenos de jóvenes que siega sus vidas en un momento de descuido, provocando la perplejidad de los padres, que quedan inhabilitados para la esperanza por muchos años.

La vida se parece a una plancha en el suelo llena de agujeros por la que caminamos, ora atentos, ora descuidados. El jubilado ya ha sorteado muchos de esos agujeros, pero debe seguir atento con su salud, pues esto querrá decir que el soporte material de su mente ni le va a fallar antes de tiempo, ni lo va a perturbar generando el peor enemigo del jubilado: el miedo.

Si uno rememorara y, más allá, lo deja por escrito, no debe hacerlo para arreglar cuentas con personas, sino con uno mismo. Bastante efecto produce ya en las personas de tu entorno al despertar en ellas emociones que dormían pacíficamente. Por eso, si esas emociones son de desagrado será otra oportunidad para corregir el rumbo de tu vida de jubilado.

Es fundamental aprender la lección con nuestra propia vida de que, sin implicación, sin acontecimientos, sin amor consciente, sin compromiso, la vida es barata y desdeñable. Por eso es tan grande la desgracia de quienes estando llenos de proyectos son eliminados de la vida bruscamente a manos de dementes intoxicados con ideas homicidas de origen nacionalistas, religioso o supremacistas. Una lacra en la que la humanidad cae una y otra vez, debido a la potencia del tóxico que les provoca la asociación de sus emociones a ideales perversos. Téngase en cuenta que las emociones se adhieren a cualquier tipo de ideas: desde la ablación a la sacralidad de las vacas, pasando por la existencia del diablo.

Una herramienta fundamental de la memoria es el lenguaje. Sin él sólo es posible una memoria de imágenes, que no podría ser comunicada. Una discusión tópica en la filosofía tiene que ver con la diferencia entre los nombres propios y los comunes. Los primeros señalan a una persona concreta y los segundos a clases enteras de cosas, individuos o circunstancias. La buena vida se organiza alrededor de las personas concretas y su salud, lo que requiere de las abstracciones "buenas" que se usan en la ciencia. Sin embargo, en la política la capacidad de abstracción del ser humano pueda crear verdaderos infiernos cuando la prevalencia de un nombre común, por ejemplo, la raza o la nación, se impone al propio individuo y a sus congéneres llevándolo a la autoinmolación y al crimen disfrazado de patriotismo. Aquí la memoria juega una mala pasada a la sociedad, pues se empeña en representarnos un pasado supuestamente glorioso que se quiere reproducir. Es el mito de la Edad de Oro; es el temible *"cualquier tiempo pasado fue mejor"*. Aquí los jubilados podemos jugar un papel de contrapeso para recordarles a los jóvenes que el pasado también arrastra sus pesadillas.

Si algún bien puede traer los jubilados a sus sociedades es la de relativizar la pasión por los universales que consume a los jóvenes y maduros. La experiencia de una vida contemplando el ciclo perverso de la inflamación de la ira "santa" de fanáticos de la religión, la raza o la nación, que siempre termina con daño para todas las partes, debería servir para buscar otras salidas a los problemas humanos. El principal de todos es la antipatía al otro, que cultivada, derivará en xenofobia y, finalmente en odio. Es una emoción atávica pues de la pertenencia a la tribu dependía la supervivencia, pero si las sociedades modernas han conseguido separar procesos que parecían estar eternamente unidos, como sexo y maternidad, ¿Cómo no termina de extirpar la unión entre seguridad y pertenencia a una tribu?

Es la memoria social, suma de su registro en libros y grabaciones más la memoria de los individuos vivos. Los jubilados debemos ser un contrapeso mostrándonos alegres ante la diversidad y radicalmente opuestos a las intrigas para imponer la uniformidad. Por supuesto, que se constata que dos mil años de religión del amor a todos, no ha neutralizado este instinto de uniformidad y rechazo del diferente, que surge de las profundidades de nuestra naturaleza biológica. ¡Jubilados, ahí tenemos trabajo!

El deseo de uniformidad surge del miedo a ser expulsado de la comunidad de procedencia lo que va asociado a una sutil capacidad para reconocer al igual y rechazar al diferente. Nuestras emociones están asociadas desde niños a colores, olores y sonidos como la música o los fonemas, pero también a formas, incluidas las de los rostros en sus más mínimos detalles, como son las comisuras de los labios, tan expresivas del estado de ánimo y de la forma peculiar en la que los cambios de la edad nos afectan. El problema no surge de que busquemos amigos que hablen con nuestros giros idiomáticos o pareja cuyo rostro responda a cánones de nuestra micro sociedad. El problema surge de la hostilidad a los diferentes. De la incapacidad de vivir nuestra propia felicidad junto a la de otros, a su peculiar modo. A menudo digo que no por ello hay que admitir costumbres salvajes, porque el criterio para seleccionar lo admisible de lo que no lo es, reside en el sufrimiento humano.

Como se ve la memoria, como fuente de acontecimientos del pasado es también la base del mantenimiento de costumbres perniciosas que cumplieron su misión, pero que ahora se presentan como un obstáculo para una vida civilizada.

El arte

Ya Schopenhauer fijó en el arte una fuente de consuelo para el ser humano, aunque la humanidad llevaba, al menos desde Altamira, emocionándose con él. No cabe duda de que, desde que en el Renacimiento el arte volvió a la imitación de la realidad de los griegos, abandonando el hieratismo teológico del románico y el gótico, se abrió todo un universo de belleza que sólo se vio interrumpido por el deslizamiento hacia el arte abstracto que aconteció desde finales del siglo XIX. Este arte no presume de bello, aunque sí de generador de emociones metafísicas relacionada con la totalidad y el absoluto. Siendo así, el jubilado, que puede visitar todas las colecciones permanentes o temporales que pasen por su ciudad, encontrará momentos de éxtasis viéndolas delante de sí y conociendo los detalles de las obras en su marco histórico. Mejor si van con un amigo con el que comentar la experiencia y si, además, utilizan los recursos que el museo ponga a su disposición, podrás conocer los detalles que adornan al cuadro y su sentido pleno. Recientemente estuve en la casa de Sorolla en Madrid y me emocioné con el hecho de que Sorolla fuera víctima de un ictus cuando ya creía que tenía el secreto de su pintura. Esto ocurrió poco después de acabar la hazaña de pintar a toda la España que aún latía en decadencia para la Hispanic Society of New York. Un esfuerzo que acabó con su salud y nuestras esperanzas de haber visto las síntesis estéticas que anunciaban sus palabras.

Como ejemplo de disfrute de la interpretación de un cuadro siempre pongo el de Tiepolo *La Muerte de Jacinto,* cuya comprensión pasa por echar una mirada a la raqueta de tenis que descansa en el suelo en la parte inferior del cuadro. Recuerden que Tiepolo vivió entre 1696 y 1770. No cuento más para no dañar la sorpresa. Otro ejemplo es el *Juramento de los Horacios* del pintor francés David o casi toda la pintura de René Magritte, Dalí o Paul Cezanne.

La música nos rodea hoy en día. Si tiene claras sus preferencias, estupendo. Si va despistado, lea alguna historia de la música, aunque sea en comic, que la hay y constrúyase un marco de referencia que le mostrará cómo cada época ha respondido a las exigencias de los comitentes de que la música expresara sus intereses o esperanzas. Y cómo el talento vence todos los intentos de desfigurar el arte, pues éste es inmortal y los intereses presentes pasajeros, si no corruptibles. Con ese marco disfrutará más, pues al goce directo del sonido añadirá el confort intelectual de comprender su gestación.

La arquitectura siempre se ha ofrecido a los ojos del paseante. Todas las ciudades tienen algunos edificios que las caracterizan y de los que se sienten orgullosas. En Murcia el más celebrado es la Catedral y, en especial, el imafronte barroco que lleva 250 años asombrándonos a nosotros y a los que no visitan. En la cercana Cartagena, sus edificios modernistas son a cuál más bello. Tampoco faltan en ambas ciudades ejemplos de arquitectura moderna digna de respeto. Pero, además, la arquitectura talla el sólido urbano con calles y plazas que son el marco de nuestras vidas, los rincones en los que tuvimos esperanza y desesperanza alguna vez. Con estos títulos es razonable que, una vez

jubilado, echemos una mirada para entender porqué nuestra ciudad es así y cómo fue configurán-
dose con el esfuerzo de todos. En mi caso el Museo
de la Ciudad responde a todas las preguntas y, por
eso, debería su suelo haber sido pisado, antes que,
por otros, por los propios habitantes de la ciudad,
al menos, cuando se jubilan.

Haga lo mismo con cualquier arte. No es necesario cursar una carrera para cada arte. Internet
está lleno de historia, música y arte plástico en for-
matos suficientemente finos para nuestros oídos de
aficionados y nuestras capacidades de comprensión.

El cine es considerado también un arte y, por
parentesco, las series de televisión. Al respecto,
creo que el jubilado no debe dejarse seducir por el
cebo que los guionistas de las más populares suelen poner en el anzuelo de algunas, como la ya
mencionada con poca simpatía de *Juego de Tronos.* Estando despistado un día vi un episodio hasta
que un general le corta un pezón sin anestesia a un
soldado que no rechista para demostrar la fortaleza
de la tropa a una chica con cejas oscuras y pelo

rubio. Ya tuve bastante. De nuevo, por lo que he sabido después, unas ideas mostrencas acerca de la política actual se trasladan a un mundo atractivo por su mugre y, sobre todo, por su violencia, esa especia que todos los platos arregla. Ya viví la experiencia con *Breaking Bad* y su sucia manía de ofrecer algunas muertes en cada episodio con toda la imaginación puesta en la forma de presentar la escena violenta estéticamente; sabiendo como sabemos que a los capos les huele el aliento y matan brutal y ferozmente. No, un jubilado no puede caer en esta trampa, por mucho talento que se ponga en el producto. Eso queda para jóvenes y maduros, pero no para nosotros.

Si nos interesa la historia no debemos aceptar que nos sirvan el pescado con salsa, pues seguramente estará pasado. En vez de ver una serie cuyo anzuelo sea la violencia, leamos libros de divulgación histórica contrastados, como los de Gore Vidal, Niall Ferguson o los españoles Fernández Álvarez, Fontana, Fusi, Viñas, Juliá o, si de la ciencia se trata, Sánchez Ron. También hay documentales extraordinarios sobre los más importantes acontecimientos del mundo en el canal Historia. Y, complementariamente, pueden sumergirse en Heródoto, uno de los primeros historiadores, que narra los acontecimientos de épocas remotas con estilo, anécdotas y la frescura de lo originario.

La historia también comienza en los nombres de las calles de tu ciudad. Interésate por los nombres propios y la razones por que las que merecieron que su nombre figurara en una calle. Al fin y al cabo, vives en ese nombre.

Y todo esto hazlo en cualquier ciudad que visites. No te dejes arrastrar por las calles sin más goce que la novedad de las formas o el esplendor del mar o un río (que también), pues ese goce ya lo disfrutaron los primeros fundadores de la ciudad. Tiene la oportunidad de saber de todo el esfuerzo e inteligencia que sus habitantes depositaron a lo largo de siglos hasta entregarle ciudades como la propia o Madrid, Barcelona y Cádiz; Atenas, París, Berlín o Londres, si está a tu alcance.

Como he dicho, para los que tengan pensiones más bajas, los museos ofrecen maravillas a precios de dos cañas de cerveza y muchos son gratuitos. Mientras se lucha por una pensión mejor, no renuncie al tesoro que otros han construido para nosotros. Los museos del mundo entero ofrecen visitas virtuales con explicaciones de los cuadros más célebres. Es decir, no hay excusa. Desde este punto de vista, el comunismo lo ha logrado el capitalismo. Otra cosa es que el hombre "nuevo" que anunciaba la utopía esté interesado menos por la cultura que por el entretenimiento estupefaciente. En eso los jubilados tenemos que dar ejemplo a nuestros nietos mostrándonos menos vulnerables a los cantos de sirenas que nos alejan de la cultura y sus beneficios.

Literatura

La cultura en general es una oportunidad de vivir experiencias que no se dan en nuestra vida cotidiana. Pero si, además, se tratan de obras llenas de genio, todo resplandece produciendo efectos de pirotecnia espiritual. Sin embargo, es en el arte del relato que llamamos literatura donde con más intensidad y profundidad nos podemos encontrar con trozos de vidas que inspiren la nuestra. Trozos de vidas que tenemos que experimentar como acabadas o siempre con sentido, aunque se presenten como fragmentos inacabados, porque el propio carácter fragmentario sea coherente con lo que se nos relata. Es una oportunidad de vivir muchas vidas en la nuestra. Y ello, gracias al talento del que coge la pluma y se pone a fabular creando caracteres y situaciones que, primero, nos atrapan porque estamos hechos de letras nosotros mismos, es decir, porque todo nuestro ser es un relato del que creemos saber el final, aunque no sus coordenadas geográficas o temporales. Y digo que creemos saber el final, porque, en realidad, cada día con nuestra acción u omisión estamos creando ese final a partir de nuestro dinamismo o nuestra inercia espiritual. Todo el tiempo ignorado que tenemos por delante es tiempo para "cambiar" el final. ¿Cómo queremos llegar a ese final? ¿En medio de la mayor oscuridad y resentimiento o en plena evolución de nuestro espíritu hacia espacios desconocidos de sentido? ¿No será mejor que la muerte nos sorprenda en un alto grado de serenidad, en vez de, por el contrario, en un alto grado de resignación?

La literatura nos lleva de la vida propia hacia vidas ajenas y, a veces, exóticas. Pero, eso tiene un efecto también negativo: el pensar que nuestra vida tiene menos valor que la de esos protagonistas literarios. Pues no, si quitamos el envolvente trágico o épico de los acontecimientos y los caracteres, quedan vidas iluminadas por la buena prosa, pero no vidas inhumanas. Y, en la medida en que son vidas humanas, se puede decir que todo eso está aconteciendo a nuestro alrededor, en el interior de los que nos rodean. Al fin y al cabo, los escritores se nutren de lo que ven, escuchas y leen. ¿Por qué no podemos nosotros mirar la vida con la atención que lo hace un escritor? Si lo hacemos enseguida veremos en nuestro entorno caracteres literarios o, lo que es mejor, seres humanos en toda su complejidad de los que no extraemos todo su potencial porque su cercanía y nuestra pereza al caracterizarlos los convierte en personajes de cartón piedra.

La propuesta es que demos vida a los personajes de nuestra vida. Tómese la molestia de describir serenamente a sus amigos en sus declaraciones y en sus actos y surgirán de pronto como héroes de una ficción moderna. No llevarán petos ni espadas (¡qué aburrimiento de ficciones históricas enmascaradoras!), pero llevan un alma despistada o clarividente, buena o mezquina o todo a la vez, o unas cosas ahora y otras después: ternura y dureza, inteligencia y estupidez, interés o generosidad y, así, palpitantes, tóxicas o atractivas, reales en tanto que literarias; literarias en tanto que reales.

La literatura es, en realidad, el explorador de realidades espirituales que nos rodean todos los días. Si apartamos, y es mucho apartar, el talento narrativo o descriptivo, ¿No somos nosotros esos personajes que han encontrado su lugar en la historia del espíritu? Pudimos ser:

- el Héctor de la *Ilíada*, si toda una ciudad hubiera puesto su vida y orgullo en nosotros…
- El Ulises de la *Odisea*, si la aventura nos hubiera exigido más que el hogar…
- Ese trágico *Creonte* que labra su desgracia por creer más en el orden que en los seres humanos…
- Esa trágica *Antígona*, si nos hubiéramos enfrentado por amor fraternal al orden representado por Creonte …
- El Eneas de la *Eneida*, si destruida nuestra cultura nos convertimos en almas errantes, pero llenas de coraje…
- El Dante de *La Comedia Humana*, si encontráramos un Virgilio que nos guiara por todos los arcanos de la existencia…
- El padre traicionado, si hubiéramos cometido el error trágico del rey *Lear*…
- El asesino sin misericordia, pero con pesadillas, de *Macbeth*, si hubiéramos sido mordidos por la serpiente de la ambición …
- El celoso y asesino *Otelo* en nuestra plenitud amatoria, si no pudiéramos superar la vergüenza impuesta socialmente al ser supuestamente burlados…

- El disparatado y sabio *Quijote* que juega con la "realidad" de ser realmente ficticio y ficticiamente real, en las manos del genial Cervantes...

- El simple y sensato Sancho en coloquio con su utópico amo...

- El superviviente *Robinson Crusoe*, si el mar o la gente nos aíslan...

- El suicida *Werther*, si fuéramos víctimas del error de confundir el amor romántico con la vida y todas sus posibilidades de resurrección...

- Las jóvenes Elianor Dashwood, Emma Woodhouse o Elizabeth Bennet en sus aventuras interiores a la búsqueda del papel de la mujer, si hubiéramos percibido el despertar en medio de una sociedad asfixiante en su estructura de castas impregnadas de machismo...

- El emprendedor empresario Valjan de *Los miserables,* que cumple el "French dream", al llegar desde la dureza de un penado al éxito empresarial, siempre que nuestra humillación fuera menor que nuestro empuje...

- El desesperado Unamuno de *El sentimiento trágico de la vida*, que pide vivir contra toda razón, si paradójicamente no creyésemos en la vida...

- El anacrónico y asesino a sueldo capitán Diego Alatriste, que, como un *Bourne* de antaño, busca salir de su confusión inducida por un sistema sin alma, si nuestro trabajo dependiera de conceder una hipoteca a un insolvente, o negar un crédito a un talento no convencional. Así seríamos el nuevo capitán "Almatriste" escudándonos en las órdenes recibidas…

- El oscuro personaje único de Philip Roth, Nathan Zuckerman, tan real que parece ficticio, tan nosotros en su complejidad que su hilo de pensamiento nos ayuda a gobernar el nuestro. Tan lúcido y seco que estremece nuestras seguridades. Seríamos este personaje si aprendiéramos a explorar nuestra complejidad…

En fin, ¿Quién falta, Hamlet, Aladino, Madame Bobary, Pedro Páramo, Ana Karerina, ¿Funes el memorioso…? Dice Zizek que dijo Lacan: "*la verdad tiene estructura de ficción*". Una frase que muestra que le damos preferencia a la ficción sobre la vida, cuando es la ficción la que tiene la estructura de la realidad. Pero ese detalle nos pasa desapercibido porque la vida, en todo su fulgor, nos parece aburrida y confusa, mientras la literatura, al recortar a los personajes sobre la realidad compleja, nos facilita la identificación y capta mejor nuestra atención.

Todo lo dicho para la literatura vale para las artes plásticas, la poesía y la música, que son sus versiones para aquellas sensibilidades que viven más confortables en las vibraciones que en los códigos que transportan sus ondas. Vibraciones electromagnéticas o mecánicas que destellan en nuestras mentes en fuegos de color inaccesibles para los demás. Afortunados aquellos a los que el sonido ya les explica directamente, sin concepto en las inmediaciones, en una fulgurante intuición, qué es la vida.

De nuevo insisto: no se debe renunciar a estos placeres porque se tenga una pensión baja. Las bibliotecas públicas ofrecen un tesoro mayor que el que estaba depositado en la celebérrima biblioteca de Alejandría. Y nadie las va a quemar, pero sí se pueden cerrar sus puertas si nadie acude a ellas. Si esta pagando por wifi en su casa, asómese a Internet, donde se pueden leer prácticamente todos los clásicos gratis o muchas novelas actuales a precios de ganga, una vez pasada la fase de ventas masivas que justifican la inversión. De nuevo tenemos que saludar al capitalismo como engendrador involuntario de utopías cumplidas. Lástima que sus beneficios vengan acompañados de lacras para la humanidad que son algo más que la sombra que acompaña a toda luz en el mundo real.

Música

Yo no estoy dotado para la música y tengo un documento que lo certifica. Intenté tocar el piano seriamente durante tres años. Como buen estudiante aprendí la parte teórica, es decir, el solfeo, pero ahí quedó todo. Sin embargo, y afortunadamente, eso no me impide disfrutar de esa cualidad, el oído, que permitió nuestra supervivencia avisándonos de los peligros desde la distancia, en la especial forma que ha tomado en manos del talento de unos privilegiados seres humanos capaces de domar las ondas mecánicas para armonizar con nuestras propias vibraciones y hacernos tan felices. Porque eso es la música la generación de vibraciones que, si siguen determinadas reglas, destellan en nuestro cerebro llevando nuestro espíritu más allá de las estrellas.

Como pánfilo de la música que soy disfruto con una nana como *Canción de cuna* (Johannes Brahms) o con un bolero como *Poniendo la mano sobre el corazón* (Lara); con una balada como *Say something* (Axel & Vaccarino) o una danza como

I could have dance all night (Loewe); una canción de Jazz como *My funny Valentine* (Rodgers & Hart) o la alegre *Fly to the moon* (Howard); una abrumadora *Así habló Zaratustra* (Strauss) o unas alegres *Cuatro estaciones* (Vivaldi); una estremecedora y lírica *Tosca* (Puccini) o una riquísima oda a la alegría y a la trascendencia como la *Flauta mágica* (Mozart). Pero añadan una copla *Ojos verdes* (León & Quiroga) o el taranto *Soy gitano* (Camarón) y un tango como *Por una cabeza* (Gardel & Le Pera) o la triste aria de *Rusalka* (Dvorak), las *Cuatro últimas canciones* (Strauss) y el *Concierto para violín* Opus 61 (Beethoven). Ya se habrán hecho una idea de hasta qué punto no tengo criterio musical, lo que me permite disfrutar de todas las octavas, tonos y modos del espectro musical.

La música le puede dar mucha felicidad a un jubilado, como a todo el mundo, claro. Pero el jubilado puede prestarle más atención porque tiene más tiempo y puede ir más allá de considerarla un decorado sonoro de su vida. La música por sí sola o acompañada de la voz humana con su contenido de significados explícitos o simbólicos constituye la forma más directa, más corporal de conectar con la realidad. Se puede entender el carácter mágico que la más primitiva de las músicas percutoras de tubos de madera y musitadas por bocas abiertas de la sorpresa de gozar trasteando las cosas con ritmo, pudo tener para nuestros antecesores hace miles de años.

La música hoy en día es tan abundante, y los compositores están tan sometidos a presión para producir sones originales, que nos llegan muestras de talento, pero también conjuntos de ritmo y melodía para olvidar e, incluso, para no escucharla nunca. Yo no escucho música siempre, porque el silencio defectuoso que se puede disfrutar en una ciudad también ayuda a alcanzar la serenidad.

Es muy atractivo comprobar cómo se ha ido construyendo un canon de la música al que todo el mundo da su asentimiento y constituye un patrimonio inmortal a nuestra disposición. No parece razonable darle la espalda.

Los nietos

Si eres jubilado y tienes nietos toda va bien, pues los nietos son la oportunidad de que, durante un tiempo, su inocencia te redima. Los ves ahí, primero, como bebes balbucientes en los que buscas una sonrisa, después como niñas (yo tengo nietas) que te buscan para jugar diciendo eso tan delicioso de "abuelito" o "abuelita". Con ellos te ves envuelto en esa atmósfera de ternura que es de los mejores inventos de la naturaleza para unir a la gente con lazos irrompibles. Si los desdeñas o te resultan un incordio, comprueba si te falta un tornillo en tu extraño mecanismo. Yo procuro enseñarles: primero la "A", después la "B" y, finalmente la "U". Es decir "ABU". Con estos trucos, atendiendo sus deseos de juego y dejándole astutamente a los padres las reprimendas, estarán deseando verte, correrán hacia ti gritando de alegría y tu vivirás la perfección del amor incondicional. Un cimiento desde el que podrás construir para ellos un confortable edificio emocional que facilitará el que vivan sin cuentas que arreglar con el mundo. Con los nietos el deseo de ser aceptado por "otra autoconciencia", como dijo famosamente Hegel, se cumple con plenitud.

Los nietos son para un abuelo el cierre de un círculo virtuoso. Por una parte, compruebas que tus hijos han tenido éxito en la primera fase de sus vidas, pues los hijos fuerzan la responsabilidad de los padres que afrontan así una tarea poderosa: la de llevar a sus hijos hasta esa misma fase. El jubilado abuelo descansa como responsable y, como padre o madre, activa el recuerdo de sus experiencias al ver como los hijos resuelven los problemas en los que se fue experto (en éxitos y fracasos).

Los nietos traen a tu casa la frescura olvidada, las risas inocentes, las preguntas no respondidas. Los nietos… evitan la depresión y ayudan a reducir el estrés con origen en banalidades.

Hoy en día, las calles y las puertas de las guarderías están llena de jubilados empujando carritos de bebé. No es que se haya producido un vuelco en los hábitos sociales para que los mayores compensen la falta de natalidad de los jóvenes. No, es que los nuevos usos laborales constriñen a los matrimonios en edad fértil el ir más allá de la parejita y no en todos los casos. Lo que obliga a los abuelos a atender algunos aspectos de la vida de los nietos. No sé si alguien lo considera un incordio. Pero, en mi experiencia, ha sido una oportunidad extraordinaria de pasar de ser un decorado con arrugas para la vida de los pequeños a parte importante de sus vidas. De este modo tu voz, tus gestos, tus consejos se incorporan a su archivo secreto, desde el que se construyen las emociones, y no está nada mal estar ahí, en esas profundidades de sus almas. Lo que, por otra parte, es también una enorme responsabilidad que nos obliga a ser muy, muy cuidadosos.

El amor

Expandiendo la felicidad que los nietos pueden darnos, al resto del mundo, se puede decir que para un jubilado las oportunidades de amar son enormes. Amar a la propia esposa o esposo con la versión atenuada por los años del vigor de antaño. Amar el paisaje del entorno repasando los nombres de las flores, árboles y arbustos con tus nietas. Amar a tu ciudad, conociéndola mejor, amar a tu país comprendiendo sus contradicciones, sus errores y asombrándose ante sus logros históricos. Amar a tus próximos, aunque no piensen como tu. Amar el punto de equilibrio entre el disfrute de los logros de la civilización, sin dejar de admirar los motores que la impulsaron y rechazar los abusos cometidos en su nombre. Amar la vida como una corriente que nos atraviesa y estremece, recibida de nuestros padres y traspasada a nuestros hijos, dejándonos en pago el disfrute de todos los matices que seamos capaces de apreciar.

Aquí está la clave de la vida: entender su transitividad y lanzarse al goce legítimo. No haré la pirueta de buscar una analogía entre el amor y la fuerza de la gravedad o el odio y las fuerzas repelentes entre partículas. Pero, si el amor no tiene explicación por arriba, la tendrá por abajo. La fuerza de este sentimiento reside en el fino goce que produce en nosotros. Que el amor tenga origen en la combinatoria evolutiva que retiene aquellos mecanismos que garantizan la supervivencia de una especie, no lo hace menos valioso para nosotros. Simplemente sabríamos el origen de nuestra felicidad, sin perder un gramo de sus efectos, salvo que, como las religiones suelen predicar, odiemos nuestra naturaleza en nombre una supuesta superioridad de lo espiritual sobre la supuesta inferioridad de lo corporal.

Igual que con la vida, el amor no necesita justificación, basta con experimentarlo. Lo más bello es frágil, lo más verdadero es difícil de probar; lo más justo no abunda. Así, el amor también se parece a la vida en que, aunque sepamos que se acaba, lo disfrutamos o debemos disfrutarlo precisamente por su contingencia, por su precariedad, por su carácter fugitivo.

El humor

Si el amor es importante para el jubilado, qué decir del humor. Esta característica, al parecer exclusiva, del ser humano, surge en sus tipos más primitivos de la alegría de retozar, de jugar frotando el cuerpo con la hierba u otro cuerpo. Ahí estaba esa capacidad de emitir sonidos sincopados que provoca a veces convulsiones e hipos incontrolados. De modo que, siempre que una circunstancia, real o presentada por símbolos mediante el lenguaje, provoque un sentimiento de alegría, irá acompañado de formas mitigadas (sonrisa) o violentas de risa. Circunstancias que, en general, tienen que ver con la afirmación de nuestra seguridad, aunque sea a costa de las desgracias de otros, bien que presentadas desprendidas de sus aspectos más desagradables. Así ocurre con las caídas delante de nosotros o los chistes, en los que muy a menudo alguien sale trasquilado. Por ejemplo: *"Te voy a contar un chiste que te van a crecer las orejas de la risa. ¡ah!, perdona, ya te lo han contado"*. Es evidente que la gracia está en un defecto físico.

137

Una versión suave de las causas de la risa son los contrastes lógicos o semánticos. Así el famoso dicho de Groucho: "*Estos son mis principios, si no le gustan, tengo más*", o el más simple de: "*Te vendo un coche. ¿para qué quiero un coche vendado?*" o este acertijo: "*¿Qué es algo y, a la vez nada?... um... Un pez*". Está claro que el concepto de "principios" está reñido con su conversión en mercancía intercambiable, o que los verbos "vender" y "vendar" tienen el mismo presente de indicativo provocando la confusión hilarante, o que el sustantivo "nada" es también una forma del verbo "nadar", llevando al que escucha desde la búsqueda de una respuesta metafísica, tipo "el todo" o "la náusea" al choque con el elemental dato de que los peces "nadean", como hubiera dicho Heidegger.

El jubilado tiene muchas oportunidades de reírse de sí mismo, quebrando la pesadumbre de la "*molestam senectutem*". Ya jubilado, y después de despreciar todos mis dolores de bajo rango, me quedaron molestias en las rodillas y un dolor de cuello consecuencia de largos años de trabajo ante el ordenador, pero he encontrado la fórmula en un tratamiento de relajación muscular muy efectivo con el que he podido volver a mi afición favorita: leer y escribir. En esa búsqueda de salud física renovada pasé por traumatólogos y fisioterapeutas de todo pelaje hasta acertar con uno que conoce su oficio. Lo que sigue es la crónica, un poco exagerada, de una visita al traumatólogo:

Esta mañana he ido al traumatólogo (un hombre de unos sesenta años) para consultarle por unas molestias del cuello y para preguntarle por algunas dificultades en las rodillas. Molestias que estoy experimentando en los últimos meses, una vez que mi cuerpo se ha enterado de que me jubilado. También puede ser que cuando uno deja de pensar en los problemas profesionales el cerebro empieza a buscar en sus registros de qué preocuparse o, mejor aún, qué llevar ante el tribunal de la conciencia para que seamos conscientes de algo que antes nos pasaba desapercibido. Sea como sea, he ido con mis problemas de cuello y rodilla a ponerme en manos de la ciencia. Una vez hecho el diagnóstico pregunto si es reversible y si cada vez mi cuello se pondría mejor. El médico aprecia mi sentido del humor, pero me dice que no, que cada vez irá peor.

– *Algo se podrá hacer.* Le digo.

– *No crea, llega un momento en que el desgaste de huesos, discos y ligamentos progresa hasta paralizarnos.* "¡Qué tío más cenizo!" pensé. Me va a dar el día. Ya me veía andando como el monstruo de Frankenstein.

En ese momento, un ruido en la calle llama nuestra atención a través de la ventana, que estaba en la espalda del doctor. Yo me levanto a mirar y el médico se vuelve a mirar también. Bueno, se vuelve es un decir: para poder ver algo giró el cuerpo entero manteniendo la posición de la cabeza. ¡No podía girar el cuello! Completamente shock le hablé de mi rodilla por no irme corriendo.

– *Mire tengo una protuberancia en el lateral de la rodilla izquierda.*

– *Eso será la cabeza de la tibia.* Me dice.

– *¿No me la va a mirar?* Dije sorprendido

– *No es necesario.* Responde.

Al verme la cara que puse se mostró franco y me dice completamente hundido:

– *No puedo levantarme.*

Embargado por la ternura le pregunté:

-*Qué le pasa?*

Entonces me remató diciendo con profunda tristeza

-*Tengo el cuello y las rodillas hechas polvo.*

La visita ha acabado de una forma un tanto chusca pues, una vez hermanados en el dolor, aceptó que le pusiera la rodilla encima de la mesa (con el resto del cuerpo, claro. Así pudo, sin torcer el cuello y sin levantarse, mirar y diagnosticar un quiste en el menisco. La postura era tan rara que pensé que ojalá no entrara nadie en ese momento. Pero lo que ocurrió fue me falló la otra pierna y me caí al suelo tirándole todo lo que tenía en la mesa, incluido su martillo de los reflejos. Afortunadamente no lo tiré a él porque habría tenido que levantarlo yo. Una vez recompuestos nos despedimos mientras él me decía:

-*No se preocupe seguro que mejorará.*

– *Lo mismo le deseo.* Dije yo.

Naturalmente me he ido pensando que los problemas de la edad sólo se resuelven el día que nada te duele. Ese día en el que, si te has portado bien, más gente viene a verte. Ya en la calle lo único que me preocupaba era cómo saldría este hombre de su consulta. Me consoló pensar que tenía una ventana detrás de su mesa y era un primer entresuelo.

Otras chanzas acerca de los jubilados mayores tienen que ver con su falta de memoria. Hyrum cuenta uno, que es una variante del que circula por nuestras proximidades. Dice así:

Dos matrimonios están pasando una velada juntos en la casa de una de las parejas. En un momento determinado los maridos (Juan y Pedro) se salen a la terraza a charlar. Juan le habla a Pedro sobre un restaurante recién abierto en la ciudad, del que cuenta y no para sobre la delicia de sus platos.

- *Tenéis que ir*
- *¿Cómo se llama? Dice el otro.*
- *Pues... a ver... no sé... ¿cómo se llama esa flor roja con pétalos?*

-   *¿La rosa?*
-   *Eso es, gracias.*

En ese momento, salen las dos esposas a la terraza y Juan se dirige a su mujer:

-   *Rosa, ¿Cómo se llama ese restaurante al que fuimos la otra noche?*

En fin, no me sorprende que la vejez sea objeto de risas, dado que el humor en gran medida se nutre de los problemas ajenos.

Viñeta de Forges sobre la jubilación y la obsesión de estar activo, es decir, "jubi-liado".

¿Qué hacer con los jubilados?

"*¿Qué hacer con los jubilados?*". Eso se preguntó un ministro japonés hace unos años y respondió "*que se den prisa en morir*". Y el caso es que ese ministro tiene muy mala cara. Para mí que va a dejar de ser una carga para el Estado antes que muchos de los ancianos japoneses. La pregunta parece antigua, pero es eterna (hoy en día, tres años son el pasado, o al menos, eso nos quieren hacer creer lo que tienen juicios pendientes por meter la mano en la caja pública). La respuesta del ministro es el epítome de la mentalidad liberal grosera. ¡Qué estúpido!

No me extraña que sea en Japón donde se plantee con esta crudeza la cuestión, pues es la cuna de *La Balada de Narayama*, la película de Imamura de 1983. Una cinta premiada en Cannes con la Palma de Oro y que recomiendo a todos los jubilados con enfereza. En ella se cuenta una historia de supervivencia de una sociedad agrícola al límite de sus recursos. Una metáfora de nuestro actual mundo con una diferencia notable: la carencia de recursos de nuestra sociedad actual no se debe al carácter primitivo de la tecnología, sino al mal planteamiento del consumo y del reparto de sus beneficios. En la película, a una nuera que roba unas patatas en su nueva casa, el pueblo entero (fuenteovejuna) la entierran viva con toda su familia. Hoy el ladrón de patatas evade, blanquea y disfruta en la hamaca. Ni tanto ni tan calvo. El rico tiene que ser ejemplar y, aunque su fortuna personal no debe ser repartida pues no solucionaría nada, debe contribuir con sus impuestos (¡qué palabra más bien escogida!) a las inversiones enormes que la complejidad de nuestras sociedades modernas exige para no caer vencida por la pinza del crecimiento de la población y su simultáneo envejecimiento.

Pero seamos positivos, veamos qué podemos hacer los jubilados por estos políticos incapacitados para dar soluciones. La cuestión de fondo es que el jubilado recibe ahora lo que dio antes. Por tanto, la pensión no es caridad. Los pensionistas, salvo algún polizón, son, en general, trabajadores manuales que dejaron las entrañas en duros trabajos alienantes; profesores encargados, nada menos que de la *paideia* nacional; jueces encargados de mantener un cierto sentido de justicia que evite revueltas; ingenieros y arquitectos que hacen realidad la tecnología, los hogares y los ámbitos ceremoniales y doctores que han llevado la esperanza de vida de los españoles a los 85 años (¿serán ellos los culpables?). Es decir, los jubilados son quienes han sostenido el país mientras otros cometían el error de, por ejemplo, endeudarlo para cobrar comisiones con la burbuja inmobiliaria, o dar la espalda a nuestra condición de país europeo más soleado, gastando lo que no tenemos (80.000 millones de euros al año) en combustibles fósiles.

IMPORTANCIA ECONÓMICA

Las pensiones en España suponen en este momento la mayor partida económica pública, que alcanza hasta el 12 % del Producto Interior Bruto. Lo que en términos absolutos son unos 130.000 millones de euros. Si a esto sumamos que los jubilados somos unos potentes consumidores de los servicios sanitarios y farmacéuticos de los 70.000 millones del presupuesto de la sanidad, se alcanza, en relación con los jubilados, un porcentaje próximo al 20 % del PIB. Se puede un imaginar porqué el sector privado ansía que se privatice esta golosa cantidad. Obviamente, se utilizan argumentos de reducción del peso del Estado, por un lado, y de ineficiencia en la gestión, en el caso de la sanidad. Espero que la gente no consintamos es el desmontaje de esta benéfica estructura, pues de tolerarlo, una sombra espesa caerá sobre las vidas de los ancianos.

IMPORTANCIA POLÍTICA

Pero para pagar las pensiones y la sanidad son necesarios recursos y éstos, al ser limitados, requieren de decisiones políticas. Y entonces tropezamos con la mentalidad de la libertad económica excluyente. Una mentalidad que propugna el *laissez-faire*. Es decir, la vuelta a un estado de cosas, según el cual cada uno cobra lo que el mercado le permite, si tiene dinero para disfrutar de los servicios que pueda pagarse.

Un enfoque que crea acumulaciones de renta y riqueza que es apartada de la corriente productiva principal y destinada a los más disparatados proyectos de vida escandalosamente frívola. Unos recursos que es absurdo repartir entre todos, pero que sí pueden dar frutos aplicados al diagnóstico, investigación y desarrollo de soluciones para los males de la humanidad.

El enfoque libertario es consecuencia de una repugnancia absoluta ante cualquier límite al enriquecimiento individual, basado en el argumento del mérito, como si cada uno generase toda la riqueza que el sistema económico pone a su alcance. Se puede contra argumentar que la inmensa generalidad de la gente puede vivir perfectamente con un sueldo entre uno y diez veces las necesidades básicas de cada época según méritos individuales contrastados por los que paguen los sueldos, es decir las empresas o las instituciones públicas. La riqueza no es el objetivo, pero siempre que haya un sistema que garantice el subsidio al paro y los servicios de sanidad, educación y pensiones para aquellos cuyas circunstancias o sueldos hacen imposible que mantengan seguros privados. Cuestión que los libertarios resolverían privatizando todos los servicios necesarios mediante seguros individuales y eliminando los seguros colectivos que se disfrutan hoy en día sin más mérito, para su disgusto, que pertenecer al género humano.

Que cada individuo tenga la posibilidad de escalar socialmente parece haber resultado muy eficaz, dada la naturaleza humana. Para eso es necesario que exista un espacio delante de la ambición para que ésta tire de la humanidad, a despecho de la inercia que afecta al ser material que somos. Sin esa promesa terrenal de bienestar, se nos dice que reposaríamos indolentes en el suelo primigenio. Lo que parece haber sido probado por largos siglos de parálisis motivados en tierras feraces por la generosidad de la naturaleza y en tierras yermas por las ideas que bendecían la pobreza y denostaban la riqueza.

Para movilizar las posibilidades de una sociedad y para generalizar el bienestar es necesaria la libertad económica que premia el esfuerzo de los más activos, astutos e inteligentes. Pero ese premio puede tener un límite sin merma de la energía movilizadora, dado que ningún individuo puede llevar a cabo estas tareas en solitario. Por eso, en mi opinión, ni siquiera las excepciones creativas, en tanto que personas individuales, merecen (ni necesitan) ganar más de 100 veces lo que ganc el que menos, porque con esta cantidad su ambición personal y familiar es colmada. Todo ello sin perjuicio de reconocerle su contribución y permitiéndole la conservación del poder de decisión como propietario. Esta es, obviamente una herejía para el libertarismo, pero es el único modo de armonizar la libertad negativa con la positiva. Es decir, de preservar espacio para la ambición y el derecho a la propiedad, pero también para la evitación de la pobreza y favorecer la distribución de los resultados del progreso económico, que no hay que confundir con el reparto igualitario de la renta. No veo con claridad que para el esfuerzo del emprendedor el premio no tenga límite olvidando que no lo incumbe sólo a él, sino a miles de otras personas que también contribuyen con su esfuerzo e inteligencia (otro tipo de inteligencia) a su éxito como rector.

Estas son ideas de parte, pero no por opción ideológica, para lo que no faltan razones, en mi opinión, sino por la condición de jubilado. Es esta condición la que obliga a posicionarse por opciones en las que se ponga límite al desplazamiento de la riqueza a pocas manos, desatendiendo las necesidades sociales, cuya defensa no proviene de la envidia, sino del reconocimiento de la dignidad humana. Una variable que, por cierto, no suele estar presente en los razonamientos económicos.

Cierto es que el poseedor de capital, sea cual sea la forma de adquisición, quiere rentabilidad por él, lo que lo obliga a invertir en el trabajo e inteligencia de otros. Que tal proyecto resulte rentable o no dependerá de su éxito para ser consumido por millones de personas o por unos pocos estados dispuestos a pagar grandes cantidades. Esto quiere decir que el ciudadano al consumir dirige el destino de los capitales acumulados. Un poder que no se usa todavía de forma razonable, dadas las muchas tonterías o acciones perniciosas que tienen éxito, obligando a que las cosas necesarias tengan que ser financiadas por los Estados.

Es evidente que toda la lucha político social de la actualidad se centra, precisamente, en este problema de cómo llevar a todos la tranquilidad material que les permita el goce espiritual pleno de la cultura y de su propia vida. Si, por una parte, es muy complicado mantener diferencias razonables en los ingresos sin que la ambición se desactive, generando sociedades paralizadas, por otra parte, es asfixiante una sociedad en la que a la mayoría de la gente se la relega a la pobreza material y espiritual mientras contemplan la acumulación obscena de riqueza en manos no siempre productivas, cuando no claramente delictivas como el tráfico de armas, drogas y personas.

Los jubilados podemos aportar, por nuestra experiencia de vida, la masa crítica de personas, cuyo pensamiento político aporte el equilibrio entre el mantenimiento productivo del sistema económico de mercado y la aplicación de su éxito a la mayor felicidad posible para los seres humanos. Es decir, comprender que el sistema económico tiene que ser lo más eficaz posible, pero que es solo y nada menos que una herramienta cuyo uso requiere de una clarificación de los valores humanos.

Desde la experiencia se puede ver con más claridad qué necesitamos.

Gran parte del sufrimiento histórico de la humanidad proviene de esta lucha cósmica entre quienes conciben la sociedad como una carrera demente de millones de personas hacia unos pocos lugares desde los que disfrutar de riquezas irracionales y los que la conciben como un imposible paraíso en que todos disfrutan de un bienestar cuyo origen se desconoce. Me parece evidente que ninguna de las concepciones es correcta. La una nos lleva a un mundo despiadado y dolorido en el que la riqueza no se reparte, aún admitiendo grados de desigualdad, y la otra a un mundo dogmático e igualmente dolorido en el que la riqueza no existe.

Si fuera posible limitar las rentas a ratios no mayores de diez y excepcionalmente de cien, el resto del dinero adscrito a un individuo podría ir a fondo perdido a inversiones privadas y a inversiones públicas, vía impuestos con destinos a resolver la pobreza y a la solución científica y tecnológica de los problemas básicos. Hay muchos científicos que ganan bastante menos, cuando son sus aportaciones las que enriquecen a empresas, sus directivos y accionistas. La desigualdad estimula, pero no necesariamente la absoluta, sino la relativa. Por eso, sería raro que alguien no quisiera ser jugador del Real Madrid, el Barcelona o ser directivo de una gran compañía si todos los deportistas o directivos con los que se compara ganaran cantidades semejantes.

En definitiva, de lo que se trataría es de que los recursos vayan allí donde se necesitan y no al lujo frívolo. No hablamos de cantidades pequeñas, pues la riqueza mundial concentrada en dos mil personas suma nueve billones de dólares (nueve veces el PIB de España).

Pero todo esto debe ser compatible con el rechazo absoluto a cualquier régimen en el que los fallos de distribución del capitalismo sean corregidos con un sistema en el que los recursos son repartidos ávidamente entre gente adscrita al régimen sin mérito alguno para su adquisición. Regímenes que está probada su rápida degradación hacia la rapiña en el entorno del poder y la pobreza generalizada para la población, mientras se mantienen actitudes bravuconas de dirigentes que no responden ante la ciudadanía. Pero, tampoco en el otro extremo parece razonable resignarse a que los automatismos del sistema capitalistas acumulen la riqueza en pocas manos sin establecer mecanismos correctores en los económico y en lo espiritual que no es, en absoluto, mera mercancía.

Téngase en cuenta que dejar al sistema capitalista las manos completamente libres es peligroso, pues el desarrollo actual de la ciencia y la tecnología proporciona herramientas muy potentes para concentrar riqueza y poder totalitario. Una pareja que parecía incompatible en otras épocas, como defienden los liberales económicos, pero que se muestra eficaz, terriblemente eficaz, al parecer, en China.

Creo que hay que apoyar la iniciativa y el comercio como expresión de inteligencia y energía para servir a la sociedad, pero no parece útil que el premio no tenga techo, dado que las complejas necesidades modernas precisan de inversiones que, de no producirse, nos llevarían a catástrofes ya anunciadas. Cuando las rentas se vuelven irracionales, se produce el doble efecto negativo de desánimo social y desvío y paralización de capitales en paraísos fiscales. Si las grandes fortunas adscritas a individuos desaparecieran no se resentiría la investigación, sino la industria del lujo, como se puede comprobar en la web *www.billionaireshop.com* y otras en las que lo que se expone y sus precios explican perfectamente porque algunos necesitan tanto dinero.

No es lo mismo que los ricos estimulen la aparición de medicamentos muy caros a que lo haga para tipos de yate o de joyas, que son productos que minan el argumento de que los ricos disfrutan como privilegio lo que todos disfrutaran mañana con normalidad. Ese argumento tiene sentido con, pongamos el transporte, pero no entendido como la generalización en el disfrute de un Ferrari 40. Al contrario, los excedentes que produce el carácter boscoso y orgánico del trajín económico deben quedar para que las empresas evolucionen a mejores productos y servicios y para que los estados puedan llevar a cabo las inversiones de interés general no comercializables. Un enfoque éste compatible con la existencia de comitentes para la aplicación del talento al arte o la arquitectura desde las empresas y las instituciones públicas.

Por el estado actual de la inversión pública en investigación, queda claro que no se cree en el talento de nuestros científicos y se prefiere acogerse al trueno soltado por Unamuno en su artículo *El pórtico del templo*: *"Inventen, pues, ellos y nosotros nos aprovecharemos de sus invenciones"*. Obviamente pagando royalties. Si este el caso, ¿Cómo se quiere crear riqueza para una vida digna de la población incluidos los jubilados?

No quiero eludir la espinosa cuestión de la herencia. Es sabido que los liberales económicos rechazan que sea gravada con impuestos en todos los casos. Es evidente que, para grandes patrimonios, la herencia facilita el parasitismo de los herederos, pero que para patrimonios modestos simplemente satisface el instinto de cuidado de los hijos por parte de los padres. No tiene sentido que la casa en la que ha vivido una familia se transmita a extraños o al Estado, pero es perfectamente razonable que las grandes fortunas vuelvan en forma dineraria a las empresas para la producción o al Estado para los servicios, una vez restadas las cantidades para la principal función del cuidado de los hijos. Así se evita el despilfarro que muchas veces supone la recepción de cantidades irracionales en su uso y disfrute cuando llegan al que no las produjo con su acción.

Los jubilados en España somos unos nueve millones. Por tanto, su opinión política es importante. Los jubilados a la hora de elegir opciones deberíamos distinguir, por nuestra experiencia, entre los aspectos económicos y los socioculturales, aquellos que apelan a nuestros sentimientos y nuestras esperanzas. No es lo mismo votar por el aborto, que por los impuestos.

IMPORTANCIA CURATIVA

Desconozco cuántos están en condiciones de seguir aportando a la sociedad algún tipo de servicio que evite, como sugiere el infausto ministro japonés, nuestra ejecución (al atardecer, por favor). Si fuera un 25 %, el contingente estaría próximo al número de funcionarios de todas las administraciones (unos tres millones). Una verdadera fuerza de trabajo. Pero no tiene sentido que los jubilados ocupen puestos de trabajo ya existentes, pues se los quitarían a los jóvenes. Por ahí no procede hacer nada, al menos mientras no haya más puestos de trabajo que gente, cuestión que, por otra parte, resuelve la inmigración reglada trayendo savia nueva al país. De modo que antes de acogernos a la fórmula del ministro japonés (que los dioses confundan), pensemos en un país con autoestima que se gana la vida en el conjunto internacional a base de inteligencia y esfuerzo.

Para ello, los jubilados podríamos aportar nuestra experiencia en la gestión de la inteligencia y el esfuerzo, precisamente. El objetivo no es aportar energía mecánica, sino mental. Basta darse un paseo por el corazón del sistema actual, pleno de jóvenes formados a medias en sus tareas, para darse cuenta de que nuestra vida mejoraría con una aportación bien estructurada de parte del tiempo de aquellos jubilados que estén dispuesto a hacerlo en una organización dirigida al bien común.

Necesitamos que nuestros jóvenes sepan la razón de sus afanes y porqué merece la pena trabajar y dar sentido a la propia vida al servicio de uno y de la sociedad. Ahí los jubilados tenemos mucho que decir, tras medio siglo de experimentar con la vida. Son millones de horas destinadas a ilustrar a los jóvenes de la tribu con pruebas de las consecuencias de determinadas decisiones profesionales cuando se cuenta con poder.

IMPORTANCIA SOCIAL

El envejecimiento activo según Paola Andressa Scortegagna y otras, permite que los ancianos:

> *"... en tanto nuevo actor político de la sociedad contemporánea, avanzan en su empoderamiento porque representan una de las más importantes fuerzas sociales que comienzan a organizarse en el presente milenio. Esta nueva perspectiva del envejecimiento se caracteriza por ser un "proceso que optimiza las oportunidades de salud, participación y seguridad, con el objetivo de mejorar la calidad de vida en la medida en que las personas se hacen más viejas" (OMS, 2005)*

Un componente esencial de esa vida activa es opinar. Ya sea jugando al dominó, ya sea en las cartas al director, ya sea en los espacios de la radio destinados a los oyentes, ya sea en el patio de vecinos. Opinar, opinar, opinar, escribir, escribir, escribir para que alguien nos lea y sepamos que no estamos solos. Opinar implica compromiso y rigor para no ser tomado por un bocazas. El jubilado tiene tiempo para leer y, si tiene problemas con la vista, para escuchar los magníficos audios sobre literatura, poesía, filosofía o política. Si, además, se trae un bagaje de la propia profesión ejercida, se está en mejores condiciones de opinar, pero siempre componiendo las nuevas ideas a partir de las nuevas lecturas.

El jubilado tiene una oportunidad única en ejercitarse intentando comprender los argumentos de los que parecen sus adversarios ideológicos. Es una verdadera oportunidad intelectual, la de activar de nuevo el laboratorio de la mente, para experimentar a ratos la paz de la belleza y a ratos el vértigo de la lucha con las ideas de los otros. Experimente el desasosiego de no tener razón.

Compruebe como el suelo mental se abre bajo sus pies cuando sus firmes convicciones vibran primero, y se inclinan después. No se asuste, deje que las nuevas ideas encuentren su hogar en usted. Pero recuerde que, ante el vértigo de relativismo en el que puede caer: *"¡Ya no se puede creer en nada!",* le queda el criterio del sufrimiento de los seres humanos, que siempre le orientará sobre qué políticas son aceptables y cuales no. Así, cualquier idea queda desacreditada si produce sufrimiento a seres inocentes.

Estas ideas son de aplicación en el permanente enfrentamiento entre las opciones que tópicamente llamamos de izquierda o derecha. El jubilado tiene la oportunidad de tener una mirada sobre la realidad más potente que la de un joven o un maduro distraído en el vértigo de la vida profesional. La constancia de estas diferencias y la casi exacta división en dos mitades que se establece en todo tipo de sociedades hace más necesario, que los jubilados tengan una visión compleja sobre la compleja realidad.

Para eso, deben adquirir esa especial sabiduría que posee el que es capaz de mirar las razones del otro y ponerlas a rozarse con las propias para encontrar un plano de encuentro en el que el anhelo de igualdad de unos se armonice civilizadamente, con el anhelo de libertad económica de los otros; la necesidad de uniformidad cultural de unos con la permisividad de otros. Esa sabiduría no es fácil, pero es necesaria, para que el conjunto social no se vea arrastrado por el nocivo partidismo de los políticos profesionales, que se empeñan en que tengamos un pensamiento unidimensional.

Los jubilados tenemos tiempo para leer a los más poderosos campeones de unos y otros. Así aprenderemos a distinguir los problemas económicos de los sociales y cómo, cada uno de ellos, admite matices que explican la perplejidad del que recibe el mensaje. Lo que suele ocurrir sin advertir que con una promesa llamativa se cuelan paquetes enteros de políticas que un análisis cuidadoso revelaría como socialmente dañinas. Aclaro que tan dañino considero la codicia de un bróker que destruye empresas desde la frialdad de las frías oficinas acristaladas, como destruir los estímulos que hacen que las energías humanas se apliquen a la producción y distribución de bienes de todo tipo para el comercio mundial. El jubilado puede aportar un paliativo a la confusión que la acción partidista provoca, trayendo equilibrio a las posiciones de los jóvenes ciudadanos.

Stephane Hessel es un ejemplo paradigmático de lo que digo. Él es el anciano indignado que fue celebre cuando el surgimiento del movimiento 15M, un movimiento que tan mal ha sido interpretado por sus líderes conocidos, que se presentan con fórmulas rechazadas por nocivas hace décadas. La participación de jubilados en los grandes fenómenos mundiales tiene su importancia, dado su peso electoral relativo. Así, tras el referéndum del Brexit, se advirtió que las franjas de edad de los más mayores votaron por dejar la Unión Europea, pensando en el glorioso aislamiento del pasado imperial. Los jóvenes británicos se indignaron por el hecho de que sus abuelos decidieran un futuro que ellos veían más en un marco de integración con sus amigos de generación, muchos de ellos conocidos por los programas Erasmus.

Por eso, los jubilados mayores tenemos que depurar nuestro pensamiento para librarlo de telarañas frotándolo con el pensamiento de otros. Eso nos hará a los jubilados más valiosos para la sociedad. Pensamiento que debe rechazar las ideas tóxicas que conducen a la crueldad y desgracia de los demás. Sería ejemplar que los jubilados mostráramos una actitud serena ante los inquietantes tiempos que esperan a nuestros hijos y nietos. Así mereceríamos el bello calificativo de "ancianos de la tribu".

Por ejemplo, si está en la lucha por las pensiones, tratemos de que, en efecto se afiance en la ley el derecho de los que hemos construido el país desde la posguerra, o desde la transición, pero piense que tenemos que buscar (y encontrar) un equilibrio entre los intereses de los que ya tenemos billete de salida y los de nuestros nietos que acaban de llegar despistados, sin saber muy bien que les espera. Me refiero a la enorme deuda del país y el irreductible, al parecer, déficit. Creo que un país debe garantizar desde los poderes públicos la salud, la educación y las pensiones. El resto es lucha civilizada por la prosperidad.

Respecto a la discusión más candente: la de la desigualdad y la creación de esa nueva figura del trabajador pobre, creo que los "ancianos de la tribu", con sus deseos ya cumplidos o con sus experiencias de precariedad cicatrizadas, pueden aportar sensatez. Por ejemplo, proponiendo, a unos, que acepten el principio de "equilibrio social", manteniendo las clases medias y contribuyendo a sostener sin repugnancia un estado en el que ni la pobreza, ni la enfermedad, ni la educación, ni las pensiones estén basadas en la caridad, sino en un estado provisor, dejando de usar la sagrada palabra de "libertad" para simplemente acumular riqueza dineraria y patrimonial. Y, a los otros, que acepten el principio de "desigualdad modulada" que despierte la ambición como motora del sistema productivo, renunciando a la pretensión de igualdad radical, que más parece fundada en la envidia que en la justicia.

Los jubilados, con nuestra experiencia, debemos interesarnos por los complejos problemas éticos que se le presentan a la sociedad por las viejas y las nuevas circunstancias que las tecnologías médicas, en particular, generan. Así, el aborto, lo vientres de alquiler, la eugenesia, la eutanasia, la posibilidad de la clonación humana, etc… Todo un desafío ético para el individuo, moral para la sociedad y legal para el Estado.

Otro caso muy especial es el del calentamiento global del planeta, expresión que ha sido permutada ladinamente por "cambio climático", y cuyas consecuencias están siendo espectacularmente cuestionadas por los adolescentes, mientras influyentes ancianos lo discuten y desprecian. Por un lado, la casi niña sueca Greta Thunberg y, por el otro, el renacido Antonio Escohotado, al que escuché en una conferencia en Uruguay reírse con desprecio de esta terrible metamorfosis del planeta aludiendo de forma extravagante al caso de una episódica pérdida de cosechas en el medievo con terribles consecuencias sobre la población. Al parecer según los negacionistas, toda la clase científica conspira para crear una alarma que les proporcione inversiones millonarias de gobiernos incautos.

Los jubilados, que hemos contribuido por desconocimiento al desastre actual, tenemos que estar cogidos de la mano con nuestros nietos en esta cuestión. No podemos dejarles un planeta gris, cuando recibimos uno azul, por seguir disfrutando de comodidades absolutamente prescindibles.

Inmortalidad

Hacía tiempo que lo sospechaba, pero ahora estoy seguro: la inmortalidad es, mientras Peter Thiel no lo remedie con su pretensión de ser inmortal físicamente, la prolongación de nuestro recuerdo en la memoria de los que nos sucedan. Gente como Albert Einstein, Cervantes o la Madre Teresa son, desde ese punto de vista, inmortales absolutamente. Desgraciadamente, lo son también gentuza como Hitler o Stalin, pero la memoria en eso no filtra con ningún patrón moral, y más vale para no olvidar cómo se hicieron con el poder y así evitarlo en lo sucesivo. El resto de nosotros, sólo lo seremos si somos capaces de interesar a nuestro entorno para que nos recuerden y, si es posible, de forma agradable. Esto implica, no sólo vivir vidas completas para nosotros, sino hacerlo también para los demás.

Hay dos ejes por los que uno puede prolongar su vida en el más allá del más acá: la vida personal y la vida profesional. A la primera podemos aspirar si somos capaces de que nuestra familia y nuestros amigos sigan diciendo "X, *habría dicho o hecho esto o aquello en esta ocasión*" o "*¿Te acuerdas cuando dijo...? ¡cómo era!*" y, el remate, "*Cómo lo/la echo de menos*". En el caso de la vida profesional esta prolongación de la vida viene de la mano de la celebridad restringida y, no digamos, si se dejan escritos o actuaciones, que rebotan de una memoria a otra, del libro a Internet, de Youtube al cineforum… es la fama, ese ser alado que trompeta en mano difunde las virtudes del famoso por unos años.

Hay pobres ingenuos que, atrapados por la fama pasajera, son tratados como guiñapos por representantes y publicistas; esos juguetes rotos que lo sacrifican todo a ser recordados una semana y, como el protagonista de *Midnight Cowboy,* acaban siendo objeto de abuso y explotación. Qué difícil es sobrevivir al halago y qué felicidad completa la de quién disfruta de celebridad en un tipo de talento que le permite vivir vidas personales discretas. No sé si estoy equivocado, pero tengo la impresión de que un gran pianista puede hacerlo, pero para un deportista de élite es más complicado, por esa enojosa necesidad de evadir impuestos que se imponen para pagarse vidas bastante anodinas a pesar de todo. Insisto, para los que vivimos vidas ordinarias, la inmortalidad viene con el recuerdo de nuestros familiares más jóvenes, los que van a vivir más que nosotros. Así, el que no tiene hijos, ni amigos, ni celebridad será olvidado de hecho un par de meses después de su muerte por los únicos que lo recordarán: sus acreedores. Aunque es cierto que Wikipedia permite que cualquier piernas (yo incluido) puede colgarse de la memoria universal.

El que tiene hijos y ha sido un padre o madre, será recordado por haber educado y por haber perdonado. El que tiene nietos alcanza un poco más allá porque sus nietos hablarán de ellos con deleite si han procedido con prudencia no sustituyendo a los padres en el rigor educativo. Obviamente, es iluso esperar algo de los biznietos que sólo te recordarán como una pasa balbuciente en un rincón de la casa.

Mortalidad

Más interesante que la inmortalidad es la mortalidad. Es decir, tomar conciencia de este hecho ineludible que tenemos que hacer nuestro conceptual y sensitivamente como parte de nuestra vida. La muerte no es algo más allá de la vida, sino su última faz. Pero no es fácil, pues el cuerpo se resiste a dejar de ser y la mente es cuerpo. Pero si el hombre supera realmente la animalidad es en el humor y, éste se manifiesta en todo su esplendor en la risa de sí mismo o en la aceptación serena, con una sonrisa, de la propia desgracia, incluyendo el ocaso irreversible. Una actitud que difícilmente se podrá mantener en plena juventud, si no es envuelta en el celofán de la ficción de una vida posterior. Sin embargo, el anciano obtendrá la prueba de haber vivido una vida completa, precisamente en su capacidad de aceptar la muerte definitiva sin más estremecimiento. Al fin y al cabo, ya han muerto en la historia de la humanidad cien mil millones de personas y no parece preocuparnos en exceso.

Cuando nos dan la noticia de una enfermedad grave o simplemente lo imaginamos por una interpretación hipocondríaca de un síntoma, hay un cortocircuito mental que nos instala en la sombra. ¿Hay una edad en la que esto ya no ocurre? ¿Sería diferente si la medicina moderna bloqueara todos los mecanismos de dolor, que sólo son útiles como alarmas para buscar la salud? En ese caso, sólo tendríamos que vencer el dolor moral, el decaimiento de nuestra relevancia para el cosmos que nos expulsa con brusquedad del goce de la existencia. El consuelo tenemos que encontrarlo en la comprensión de que, sin la muerte, la propia vida sería banal; que lo que le da ese intransferible valor e intensidad es la posibilidad siempre latente de su pérdida.

Como una mercancía muy abundante, una vida sin fin no tendría valor, además de que pasaría desapercibida, como el aire que respiramos. Un aire que reclamamos con intensidad cuando sabemos que se agota. La langosta americana llegada de África pudo hacer el viaje descansando sobre los cadáveres de las compañeras muertas flotando en el mar. Nuestro destino, y "destino", cuando de la muerte se habla, es una palabra perfectamente aplicada, es servir de apoyo a nuestros hijos para que se proyecten hacia sus propios hijos. ¿Y esta entrega es a cambio de nada? No, es pagada con un bien precioso: la propia vida. Otra cosa es que tantos la pierdan en su jugo, confundidos por las ficciones con la que son adoctrinados de pequeños y de las que no pueden desprenderse a lo largo de su vida. "Perder" la vida antes de la muerte es buscar su opuesto: la disipación, el olvido; "perder" la vida es darle la espalda por miedo a afrontarla en sus aristas más cortantes; "perder" la vida es no esforzarse en hacerla mejor para los que han de continuar la labor de mantenerla sin que se apague la lucecita de la conciencia, de modo que la naturaleza acabe encontrándose a sí misma. Es una operación parecida a la del fuego cuando se consiguió por casualidad en el amanecer de la humanidad y no se sabía como seguir disfrutando de él, si no era conservando amorosamente las brasas.

Nada de lo dicho quiere endulzar lo que es amargo, y morir es amargo, a pesar de que sabemos que la decadencia es inevitable cuando se ha aprendido a vivir. ¿Cómo resolver esta paradójica afirmación de que la aceptación de la muerte es más fácil cuanta más calidad de vida pongamos en nuestra existencia?.

En todo caso, queridos jubilados recientes, cuánto antes comprendamos la verdad de la muerte más densidad e interés tendrá la vida que nos quede. Cuanto antes afrontemos la realidad y la recubramos, no de ficciones, sino del amor de los nuestros, más dulce será la despedida. Quizá, llegue un momento en que la mente, si ha resistido más que el cuerpo, saque bandera blanca. En todo caso mi propuesta es no irse pataleando. Aunque, obviamente, hay que exigir que el dolor, que tiene una función de supervivencia, esté ausente cuándo ésta ya no es posible, cuando se trata de despedirse.

Hay muchos tipos de balances de la vida. Un político dañino para su país, que haya movilizado ejércitos, haya hecho daño cruelmente a los propios exponiendo sus jóvenes y a los ajenos al odio y a la muerte indigna, ¿qué puede esperar, hoy en día, sino una muerte despreciada por todos? Ya pasaron los tiempos en que la gloria era resultado de la impiedad. Afortunadamente, hoy, la gloria está relacionada con la paz y con la capacidad de entender a los otros. El viejo que no sigue esa senda es maldecido. Hoy, más que nunca, la gloria espera detrás de la paz y no detrás de las banderas. Pretendida gloria que se alcanzaba con el sacrificio de los otros. Algo parecido a pedir austeridad desde un yate.

Un trabajador sin estudios puede tener una vejez maravillosa si sigue sus instintos y se deja envolver en la atmósfera que crean sus nietos, en la vivencia de una madurez serena con su esposa o esposo de diferente o igual sexo y en una inteligente administración de la delicada operación de transmitir un patrimonio razonable a los suyos. Materia en la que, por cierto, no debe hacer como el rey Lear y quedarse sin nada en la confianza del amor de los hijos, pues los buenos sentimiento, como todo lo espiritual, precisa de un soporte material.

Desde luego es lamentable sufrir viendo como tus hijos tienen prisa por tu desaparición. Si es el caso, no te dejes atropellar, que hoy en día hay mecanismos jurídicos para tu defensa. Heredar es un derecho que cada vez menos será inalienable. De hecho, como he dicho, la actual ideología libertaria debería abolir la herencia si de verdad cree en el mérito individual. Sin embargo, muy al contrario, persigue la eliminación de toda carga fiscal sobre el patrimonio y las transmisiones, porque no está pensando en los patrimonios modestos, sino en las grandes fortunas. Es una incoherencia del mismo tenor del socialista que reclama igualdad económica desde una mansión, cuya propiedad estaría dispuesto a defender a toda costa.

Un millonario lo tiene más fácil, pues podrá hacer donaciones sustanciosas en vida a sus hijos, sin que su subsistencia se vea amenazada. Sin embargo, tiene más probabilidades de no haber tenido una vida buena (no confundir con una buena vida), si ha dejado que los que se le aproximaran lo hicieran por interés y no por amor. Eso es difícil de corregir si tienes setenta años. Por eso, muchos de ellos optan por perseguir, contra natura, la prolongación de la juventud comprándose placeres cuyos deleites ya no están a su alcance. Sus vidas serán cascarones vacíos. Siempre puede morir en medio de vapores opiáceos, pero, en realidad será en medio de una carcajada diabólica.

Morir sonriendo está al alcance de pocos, porque parte del humor se basa en la desgracia ajena, precisamente. Los que se ríen de sí mismos con sinceridad son sabios escasos, pero los hay. El mejor modo de comprender eso, es apreciando hasta qué punto las muertes que se producen más allá del núcleo afectivo, las contemplamos, si no de forma completamente indiferente, sí con bastante frialdad, con la salvedad, en todo caso, de algún tibio sentimiento de pesar cuando alguien célebre, cuya vida hubiera tenido para nosotros algún rasgo interesante. También reaccionamos en casos muy dramáticos que afectan a niños (la niña Omaira o el niño Julen) o en casos de atrapamiento de adultos (los mineros de Chile). Aquí funciona la repugnancia a la pesadilla de ser enterrado en vida.

De pasada veía hace unos días un vídeo de Jaqueline Du Pre, una hermosa y famosa violonchelista, esposa del director de orquesta Barenboim, que murió joven después de haber perdido paulatinamente su capacidad de tocar el instrumento debido a una enfermedad motora. ¿Quién la recuerda fuera de su círculo?. La muerte que realmente nos importa, la que nos conmueve y conmociona, deber posarse muy cerca de nosotros. Esa distancia entre el muerto y el resto del mundo debe servirnos de lección para comprender que la muerte es rutina de la vida y que sólo vivir ésta en toda su intensidad compensa de la permanente amenaza de la muerte.

No poco ayuda a esta catarsis, que tenemos que pasar los jubilados por nuestra proximidad natural a la muerte, el comprender que cuando hablamos de que el tiempo pasa rápido, en realidad estamos diciendo que nuestra vida está vacía. Porque sólo si al mirar hacia atrás no vemos nada más que rutina resignada tendremos esa sensación. Algo estaremos haciendo mal con lo más preciado que tenemos. Sin embargo, cuando miramos hacia nuestro pasado y vemos una vida llena de acontecimientos de valor, sabemos que el tiempo no ha pasado, sino que nosotros hemos vivido. Pensemos que, incluso cuando estamos en pleno hastío, nuestro cuerpo, con su cerebro, siguen activos ejecutando el ciclo vital de intercambio de energía, esperando a que esa potencia la utilicemos en el plano sublimado que es la vida mental y espiritual.

El miedo a la muerte tiene origen en el hecho de que la naturaleza prolonga el deseo de supervivencia hasta el final, porque evitar el sufrimiento del anciano es neutro a efectos del "propósito" inconsciente de la naturaleza de que cada uno traspasemos el fuego de la vida a nuestros descendientes. Pero esa constancia del unamuniano *"anhelo de vida y no de muerte"* nos obliga a encontrar fórmulas en las que apoyar el último tramo de nuestra vida.

Todas estas reflexiones son para conseguir que la muerte no sea vista como la caída en un infierno, pero no son, en absoluto, una invitación a la obsesión enfermiza con la idea de la desaparición, porque la consecuencia puede ser una profunda depresión surgida de una mala gestión personal de esta idea rectora. Si es el caso, es preferible, como decía una tía mía ver sólo películas *"de amor y lujo"*. Es decir, ocultarse la última cita, esconderla en lo más profundo de la mente y esperar que su llamada nos sorprenda un día y caigamos fulminados del susto.

El sentido de la vida

Dice Philip Roth en *Elegía:*

"...Lo que había sabido no era nada comparado con el ataque inevitable que es el final de la vida. De haber sido consciente del sufrimiento mortal de cada hombre y mujer a los que había conocido durante sus años de vida profesional, de la dolorosa historia de pesar, pérdida y estoicismo de cada uno, de miedo, pánico, aislamiento y terror, de haber conocido cada cosa que les había sido arrebatada y que en otro tiempo había sido vitalmente suya, y la manera sistemática en que eran destruidos, habría tenido que permanecer junto al teléfono todo el día hasta la noche, haciendo otro centenar de llamadas por lo menos. La vejez no es una batalla; la vejez es una masacre."

Justamente, de esto se trata, de afrontar esa masacre con espíritu aventurero, como lo haría un astronauta que se adentra solo en un planeta inhóspito. Listo para utilizar toda su experiencia y todo su conocimiento técnico sobre la vida. Dispuesto a experimentar sin abatimiento permanente los sentimientos contradictorios que se apoderarán de él. Afirmado en la paradoja que supone reconocer la dureza del tramo final de la vida y, al tiempo, la felicidad que proviene de esa misma vida a la que pertenecemos.

Como decía más arriba, han estado vivos en nuestro planeta unos cien mil millones de personas *"que ya no están definitivamente"*. Primera reflexión: escuchar esta cifra nos deja indiferentes porque la única muerte que realmente nos importa es la propia. Esta muerte personal es la que nos produce esa oscuridad en el alma que abruma al que recibe la noticia de que le quedan unos meses de vida. ¿Cómo se puede superar esta abrumadora sensación? Sólo hay un modo humano: asimilar con serenidad la extraordinariamente potente verdad de que la vida sólo es posible por la muerte. Algo que no conoce ni el suicida, que es llevado a la muerte por la desesperación, ni el asesino indirecto (un político que ordena una guerra), ni el directo (un sicario). Esta verdad, esta realidad, es la que nos dio la vida y no podemos revolvernos contra ella porque nos de la muerte. Esta verdad es la que nos puede proporcionar la serenidad para afrontar la vejez y la muerte. Esto y buenos analgésicos y ansiolíticos cerca.

Llegando a la parte final de nuestra vida, es importante mirarla de cara. Sabemos que un día moriremos y nunca más volveremos a ser. Tengamos el valor de afrontarlo gozando de ella hasta el último sorbo. El hecho de que, al contrario que los animales, seamos conscientes de esta realidad no tiene relación lógica con nuestro anhelo de permanencia, que tiene origen en la necesidad de que sea el individuo quien gobierne lo que, en realidad, es una característica de la especie: la inmortalidad. Si este anhelo no se diera, la especie se extinguiría, pues los individuos se dejarían ir a la menor contrariedad. El fuerte instinto de supervivencia está inscrito en los más profundo de nuestro ser, porque tenemos la misión de salvar a la especie procreando y cuidando.

El problema es que este instinto, al igual que su compañero el instinto sexual, siguen activos, reforzándose mutuamente, después de haber cumplido la misión natural, gracias a que la sanidad prolonga la salud y nuestras vidas más allá, incluso, de la fase de cuidado de los hijos. Por supuesto, que esto tiene una enorme ventaja, que, entre otros bienes, conlleva cerrar el ciclo vital conociendo a los nietos. Pero tiene una cara sombría, que es el sufrimiento moral de perder la vida ineluctablemente, a pesar del espejismo de una vida satisfactoria más allá del final. Pero, piénsese que hemos doblado la experiencia de vida en sólo tres generaciones con la consecuencia de prolongar la vida alejando el momento crucial.

Si hemos sabido vivir, sabremos morir, porque hemos de saber que la respuesta de repugnancia ante la idea de la muerte no es nuestra, en un sentido estricto, sino que procede de lo que de específico (de la especie) hay en nosotros. Añado algo que, de una forma u otra, he dicho varias veces en este texto: la vida tiene sentido en la medida que es finita. Lo que abunda se desprecia. La vida está tasada y muchos peligros pueden acortarla. Por eso, cada momento, cada situación, cada oportunidad de disfrutar o de ser útil debe ser aprovechada, no para la disipación que nos seca el alma, sino para el amor, el goce, la belleza y el compromiso. Con esos ingredientes la vida tiene sentido. Y si se duda, salga a la calle temprano un día de primavera, sienta la brisa en la cara, experimente la euforia de estar vivo y luego hablamos sobre si la vida tiene sentido o no. Diga con Borges:

"Vibrante en las espadas y en la pasión/ y dormida en la hiedra,/ sólo la vida existe... Sombra benigna de los árboles,/ viento con pájaros que sobre las ramas ondea,/ alma que se dispersa entre otras almas..."

O con Wordsworth:

"¡Oh! hay bendiciones en esta suave brisa que sopla desde las verdes praderas y las nubes y, desde el cielo, acaricia mis mejillas, y parece casi consciente del gozo que otorga"

O con nuestro Antonio Machado:

Era una mañana y abril sonreía.
Frente al horizonte dorado moría
la luna, muy blanca y opaca; tras ella,
cual tenue ligera quimera, corría
la nube que apenas enturbia una estrella.

Si su biografía lo ha llevado a encrucijadas tóxicas en su vida, sepa que después de jubilarse tiene toda una vida para corregirse a sí mismo. Experimente culpa, si es el caso, pero encuentre el modo de perdonarse, porque no hay remisión después de su éxito (salida) de entre los vivos.

Como ven, he presentado poesía naturalista, crédula e incrédula a la vez que explica lo inexplicable. La poesía es un pozo sin fondo, cuya agua es fresca y conmovedora. El poeta, parafraseando a Bousoño, acaricia nuestra mente con sus hallazgos. Téngase en cuenta que la caricia es una alternancia del contacto cambiando la posición de la mano sobre la piel. Si se mantuviera fija, deja de sentirse por falta de contraste cuando las temperaturas se igualan. Las metáforas y estructuras sintácticas provocan en nosotros destellos en los que, mejor que nunca, se activan nuestra sensibilidad, nuestra inteligencia y nuestras emociones. Porque nosotros somos más, en cada segundo, de que lo que podemos comprender. Por eso, cuando el poeta ensaya y ensaya en su ser, trae a la superficie del lenguaje lugares secretos en los que habitamos tanto en calidad de propietarios, como en calidad de arrendatarios. Nuestra mente es el resultado complejo de un cuerpo complejo con un complejo cerebro.

Nuestra vida individual no dura lo suficiente para que el ser se conozca a sí mismo. Véase cómo las especialidades médicas tanto somáticas como psicológicas están ya alcanzando la escala micro, pues la limitada capacidad del individuo cada vez puede ocuparse competentemente de menos superficie del conjunto de conocimiento del cuerpo actualmente a nuestra disposición. Nuestro cuerpo, incluyendo su cerebro y su mente, es todo un universo, porque en él se presentan las más complejas estructuras conocidas de la totalidad cósmica.

De ahí el gran mérito del poeta atravesado por la inspiración divina de la que Platón habla en su diálogo *Ión*. El poeta arrastrado por su don bucea buscando, y encontrando, perlas en el fondo de nuestro ser. Por eso, un jubilado tiene ahí un tesoro gratuito, pues Internet ofrece toda la gran poesía y, por pocos euros, las joyas que cada día se pulen en los talleres de los poetas que viven en nuestra época. Afortunadamente, la poesía sigue viva en su porfía al límite de las posibilidades del ser humano, que, sin embargo, siempre consigue ir más allá. Tomo, como ejemplo de todo lo dicho, el poema de Emerson *Los ojos llenos de alegría*.

Los ojos llenos de alegría de ese muchacho caprichoso y salvaje

Dibujan su órbita como meteoros, bordeando la oscuridad
Con su rayo secreto.

Saltan sobre la línea del horizonte en pos del privilegio de
Apolo: miran a través del hombre
y de la mujer, del mar y de las estrellas: miran la danza
de la naturaleza y miran más allá, a través de las lenguas
y de las razas y de los confines del tiempo.

Esos ojos miran el orden musical y la armonía de los poetas
Que en el Olimpo cantaron a las divinas ideas.

Esos ojos nos hallarán siempre jóvenes;
Siempre nos mantendrán así.

Esta poesía natural, esos ojos juveniles que *miran la danza de la naturaleza*, mientras late nuestro corazón y burbujea nuestra mente, es la que me reconcilia con el mundo. Sencillez y naturalidad desencadenan en mí los mismos sentimientos, igualmente potentes, que la ficción promisora de vidas espectrales en otros de mis respetados congéneres.

Es muy complicado encontrarle sentido a la vida si uno se deja llevar, exclusivamente, de la visión que le ofrece su posición de irrepetible individuo en el que alienta el deseo de inmortalidad. Pero este objetivo del sentido, legítimo y necesario para nuestra calma, solamente se puede alcanzar lanzando preguntas, una actitud de apertura al mundo, desde una posición conseguida, a modo de un viaje astral, saliendo de sí mismo hacia el punto de vista de la especie y su abrumadora epopeya cósmica. Esto no es fácil, se necesita un grado de madurez que cualquier jubilado puede alcanzar (en realidad cualquier adulto), pero que no es habitual conseguir debido al alto grado de ocupación a que nos obliga la vida profesional, de una parte, y al alto grado de distracción al que está sometido el jubilado que no disfruta de la atmósfera adecuada y, más bien, es intoxicado con operaciones de ocultamiento de lo esencial.

De ahí la insistencia en este libro de distinguir entre **"estar"** jubilado y **"ser"** jubilado. Lo primero es un título de inercial pasividad y, lo segundo de potente actividad. Apreciar esta diferencia supone deslizarse distraídamente hacia la nada o hacerlo traspasando su sentido y su sinsentido con la fuerza de un ser consciente de su destino glorioso. Consciente de que, aunque no esté en las enciclopedias, ha contribuido a la gran epopeya natural con el mismo esfuerzo que los demás y, si cabe, en muchos casos, con mayor legitimidad por haber amado y sido amado, en vez de haber producido sufrimiento en sus congéneres.

El paulatino envejecimiento de la población de Occidente llegará también a la totalidad del planeta, por lo que, antes o después, será necesario crear un universo cultural del que el jubilado será el principal destinatario. Un universo en el que literatura, artes escénicas y el cine nos proveerán de argumentos y mística del sentido de la vida con la fuerza y la suavidad que se necesita para comprender de una vez qué es lo que hace a la vida y a la muerte comprensibles y aceptables.

Como jubilado y viejo en ciernes reclamo respeto por el que está en la obligación de pasar por un tránsito doloroso para cumplir con la idea original de Aristóteles de que *Natura non facit saltus* (la naturaleza no da saltos). Es decir, procede de forma progresiva tanto para el crecimiento como para la decadencia. ¿Cómo afrontar este decaer si la mente se mantiene clara? Sólo lo podré sabe cuando, probablemente, estos dedos no puedan escribir... Hay que estar preparado para cuando la piel se vuelva quebradiza, la voz aflautada y la influencia de tu pensamiento en el entorno sea una sombra de lo que fue...

...para cuando padezcas enfermedades desconocidas en sus síntomas y efectos profundos, para cuando experimentes un insondable cansancio, para cuando midas a pasitos la habitación o para cuando tiembles como marcando con la mano el compás de una orquesta imaginaria de violines sin ejecutantes...

…para cuando en la mirada de los hijos haya una petición tácita de acabamiento, sabiendo que su respeto ya es para la bruma de lo que fuiste, porque tu gesto y tu escorzo es ya una prisión para un penado, que se disipará cuando caigan sus muros.

A entender todo esto ayuda conocer el sentido de la vida, cuya formulación es sencilla, como casi todo lo importante:

El sentido de la vida es recibirla y entregarla. El premio por cumplir este mandato es el goce de vivirla. De vivirla siendo conscientes de la vertiginosa fiesta de la realidad haciendo una pirueta sobre sí misma.

■ ■

Invirtiendo a Baudelaire se puede decir:

Lo único eterno e inmutable es lo transitorio, fugitivo y contingente.

Y parafraseando la canción popular:

Dijo la vida a la muerte:
Oscura no eres bastante,
para mi dicha y mi suerte.

Jubi-liado

En fin, terminando. Este librito se ha escrito para que el jubilado no se convierta cn un jubi-liado, como esos niños a los que sus padres llevan del colegio al taekwondo, de aquí a la clase de piano y, de ahí, a casa a hacer los deberes incluido el idioma de moda. Afortunadamente un jubilado escoge sus líos porque su criterio de selección estará razonablemente relacionado con su percepción de que el azar y su acierto lo han traído a una situación privilegiada: la situación de poder escoger a qué dedicar su vida.

Jubilarse es nacer de nuevo. Sólo que ahora con cuarenta años de experiencia acerca de cómo vivir la vida. Como la ausencia de trabajo le proporciona un tesoro de vida libre, descontadas las obligaciones debidas, debe aprovechar para dejar que su mente y su corazón se expandan disfrutando de todos los bienes culturales y emocionales a su alcance y se libre de atadura artificiales.

De la amplia paleta tratada aquí, compatible con las más convencionales de petanca y tente tieso, que cada uno escoja la que crea mejor, pero no olvide que no tendrá otra oportunidad de aclararse consigo mismo, si no deja un espacio a completar su formación con los más dulces majares de su cultura y si no aborda de cara la trascendental realidad de vida y muerte que nos constituye.

Por eso, mi consejo (a despreciar si no gusta) es no ocupar todo el tiempo en "no pensar", para lo que no faltan en las ofertas de entretenimiento productos auténticamente tóxicos. Tóxicos en su banalidad o en su capacidad de ofrecer cuentas de colores para que, como los indios primitivos, las cambiemos por el oro de nuestra intimidad y reposo para la reflexión profunda, ese tesoro a nuestro alcance, pero tan lejos en realidad.

Anejos

Historia de la jubilación

En junio de 1890, William Beatty-Kingston, periodista de *The Daily Telegraph,* entrevistaba en su residencia de la Wilhelmstrasse al unificador de Alemania, el canciller Von Bismarck. En la entrevista decía que no conocía hombre satisfecho entre las clases elevadas, lo que le llevaba a concluir que tampoco lo habría entre los trabajadores. Esto explicaría para él las insaciables peticiones de estos en materia social. De esta forma explicaba sus razones para haber tomado la iniciativa, criticada como una medida socialista, de *"la creación de algún tipo de mecanismo en defensa de los trabajadores debilitados por la edad o incapacitados para el trabajo por enfermedades o accidentes"*. Así, Bismarck trataba de neutralizar los disturbios que por toda Europa inquietaban a los conservadores. Convenció a su Kaiser, Guillermo I, de este avance creando en 1881 un sistema de seguridad social, que incluyó las pensiones para los que cumplieran 70 años. Poco después, en 1889, se fijó en 65 años debido a que esta era la esperanza de vida en Alemania en la época. En Estados Unidos, Franklin Roosevelt importó la idea a los EE. UU.

EN ESPAÑA

En muestro país, se trataron las reformas sociales ya en 1883 por el gobierno liberal de Posada Herrera. En 1900 se crea el primer seguro social y en 1919, con Antonio Maura en el gobierno, se crea el Retiro Obrero.

En la Constitución de la II República se establece lo siguiente:

> *"El trabajo, en sus diversas formas, es una obligación social, y gozará de la protección de las leyes. La República asegurará a todo trabajador las condiciones necesarias de una existencia digna. Su legislación social regulará los casos de seguro de enfermedad, accidentes, paro forzoso, vejez, invalidez y muerte; el trabajo de las mujeres y de los jóvenes y especialmente la protección a la maternidad; la jornada de trabajo y el salario mínimo y familiar; las vacaciones anuales remuneradas; las condiciones del obrero español en el extranjero; las instituciones de cooperación, la relación económico-jurídica de los factores que integran la producción; la participación de los obreros en la dirección, la administración y los*

beneficios de las empresas, y todo cuanto afecte a la defensa de los trabajadores."

Durante el franquismo, se promulga el Fuero del Trabajo en plena guerra (1938), base de la futura Seguridad Social. En el Fuero del Trabajo se dice:

"El Estado valora y exalta el trabajo y lo protegerá con la fuerza de la ley, otorgándole las máximas consideraciones y constituyéndolo en uno de los más nobles títulos de jerarquía y honor. En el mismo documento, el Estado se compromete a ampliar los seguros de vejez, invalidez, enfermedad y paro forzoso."

La ley de Bases de la Seguridad Social se crea en 1963, un modelo integrado de protección social, cuyos beneficios llegan hasta hoy, cuando distintas corrientes liberales intentan socavarla para privatizar las prestaciones sociales.

Etimologías

Para ser un jubilado *"comme il faut"* es necesario conocer la etimología de las palabras específicas del oficio. Empezaremos por la sorprendente versión de jubilado en inglés "retired".

"retired"

retired (from Middle French *retirer. Re-* (back) + *tirer* (draw, pull).

1. Secluded from society (of a lifestyle, activity etc.); private, quiet.

2. Of a place: far from civilization, not able to be easily seen or accessed

3. (*of people*) Having left employment, especially on reaching pensionable age.
4. No longer in use or production.

Mi etimología en broma del término (retired) sería *"dos veces cansado"*, es decir: re-tired. Como se puede comprobar, el *"retirado"* anglosajón es una "cosa" que se aparta cuando ya no tiene utilidad. Quizá por eso, se propugnan los planes de pensiones privados para que cada "*cosa*" se pague sus años residuales.

Vamos ahora a por la etimología de palabras españolas de aplicación al caso. El orden es desde lo que se deja (el trabajo) hasta la despedida (la tumba), pasando por los estados de goce de la jubilación, atribución de experiencia y sabiduría a la ancianidad hasta el natural deterioro del cuerpo:

"trabajo"

Los españoles y latinos en general, vemos el trabajo como un tormento. La etimología les da la razón, pues la palabra proviene del latín "*tripaliare*" (torturar) con el "*tripalium*" (tres palos) que era un cepo con tres palos. De tortura y sufrimiento a laborar había sólo un paso. Esa fatiga laboral, asemejada a la generada por los viajes en la época, llevó a los ingleses a llamar al viaje "*travel*".

"jubilado/a"

Los franceses empezaron llamando "*retraite*" (apartarse) al que ha alcanzado cierta edad y deja de trabajar. Los alemanes usan "*ruhestand*" (retirarse) y "*lässt sich pensioneiren*" (derecho a pensión), pues viven con angustia el final de la vida activa. Los ingleses el derivado del francés "*to retire*" y "*pension off*". Los italianos "*riposo*" (reposo) y "*collocare in pensione*". Todas ellas formas alusivas a apartarse y cobrar por ello. Pero el español, sin embargo, utiliza "*jubilarse*", que significa literalmente lanzar gritos de júbilo, verbo que los alemanes usan para cuando les toca la lotería. "*Jubilación*" que viene del "*jubileo*" judío, época de fiestas que se celebraba cada 50 años.

"decano/a"

A los miembros más antiguos de una comunidad se les llama "*decano*". El vocablo procede de "*decanus*", un cabo de diez soldados en la milicia; también en los monasterios, al jefe de diez monjes. De ahí procede "*deán*" (dignidad catedralicia) y director de facultad en E.E.U.U. Así se forman mesas de edad presididas por un decano o más antiguo o se denomina así a los directores de facultades por la supuesta relación entre edad y capacidad para el cargo.

"anciano/a"

Proviene del adverbio romance *"anzi"*, que deriva del latín *"ante"* que da *"antianus"* que, por mi cuenta, traduzco como *"anterior en los años"*.

"viejo/a",

Este vocablo proviene del latín *"vetulus"* (persona de edad)

"veterano/a"

Procede de *"vetulus"* (viejo) y se daba ese nombre a los soldados más antiguos de la milicia. Como estos se ocupaban de los animales que acompañaban a los ejércitos, de ahí devino *"veterinario"*.

"senil"

Del latín *"senium"* (edad avanzada). De él deriva *"senado"*, *"senior"*, *"señor"* y de *"senecta"* (ancianidad) *"senectud"*.

"decrépito/a"

El sustantivo latino "*crepitus*" significa ruido seco, chasquido. Por otra parte, "*crepus*" (oscuro) deriva en "*crepúsculo*". Ambos podrían explicar (sin pruebas) la condición del anciano como "*el que se quiebra*" o "*el que camina hacia lo oscuro*".

"arrugas"

Proviene del latín "*ruga*" (arruga). Según Corominas tiene relación con "**rúa**" (calle) ¿las arrugas de la ciudad?.

"canas"

Proviene del latín "*canus*" (blanco).

"muerte"

El más estremecedor de los vocablos, "*muerte*", procede del latín "*mors, mortis*", que significa exactamente eso, sin paliativos. Dada la dureza del término se suelen usar eufemismos (palabras que evocan con menos rudeza a la muerte) como "*fallecimiento*", "*óbito*" o "*deceso*", que no son sinónimos, pues el primero significa "*engañar*" o "*frustrar la esperanza*", el segundo "*salir al encuentro*" y el tercero "*partida, retirada*". Todas ellas metáforas muy sugerentes.

"finado"

Vocablo procedente de "*finar*" (morir), que proviene de "*fin*". Un finado es un eufemismo de muerto.

"fallecer"

Procede del verbo latino "*fallere*" (ser engañado, caerse). "*Fallecer*" es un eufemismo de morir que pudo surgir del símil de la muerte con la caída. Nada se dice del engaño, aunque algunas personas pueden sentirse engañadas por el hecho de que la vida acabe en la muerte de forma psicológicamente siempre a destiempo. De este verbo procede también "*desfallecer*".

"ocaso"

El sustantivo "ocaso" proviene del latín "*ocasus*" (caída), que procede de "*occidere*" (caer al suelo, sucumbir, morir). Por eso, "*ocaso*" significa caída, puesta de sol, ruina, muerte, acabamiento.

"declive"

Procede del latín "*declivis*" (pendiente que forma cuesta), que deriva de "*clivus*" (cuesta). En nuestro país entró por su uso en la terminología militar de fortificaciones.

"eutanasia"

Es un neologismo griego compuesto a partir de "*eu*" (bueno) y "*thanatos*" (muerte). Literalmente es "*la buena muerte*", la muerte sin sufrimiento.

"tumba"

Del latín "*túmulo*" (montón de tierra). Relacionado con "*sepultum*" (cubrir de tierra) que deriva en "*sepultar*".

"mausoleo"

Vocablo procedente de Mausolos, rey de Caria al que su esposa hizo construir un sepulcro monumental. Sólo para vanidosos de ultratumba.

"epitafio"

Del griego "*epi*" (sobre) y "*tafós*" (tumba). De modo que es los que so pone sobre la tumba, se entiende de forma permanente como una inscripción del tipo de la que se murmura que hay en la tumba del cardenal Richelieu, que yo no he visitado: "*Aquí yace el cardenal Richeleiu, que hizo el bien y el mal. El mal lo hizo muy bien y el bien lo hizo muy mal.* Verdadero o no tiene su gracia, ¿no creen? Que cada uno vaya pensando el suyo. El mío podría ser "*se quiso mucho*"

"viejo verde"

Finalmente, veamos una expresión que no es nada inocente: "*viejo verde*", pero que relaja la gravedad de este diccionario de la vejez. A primera vista sabemos que se refiere a un varón mayor que aún experimenta la llamada de la sexualidad y no la controla, generando situaciones incómodas para su familia o ridículas para todos los que lo rodean.

Se manejan expresiones semejantes desde el siglo XVII al menos. Según Lázaro Carreter, sólo en España, el vocablo "*verde*", se ha hecho sinónimo de obsceno. En principio, la expresión aludía a aquella vejez en la que se conseguía mantener la lozanía de pensamiento y cierto vigor físico (como Catón), que se asociaba al color verde como símbolo de la fuerza de la naturaleza. Con este sentido se ha mantenido en el italiano y el francés. Sin embargo, ya en el siglo XVIII, en España, el viejo verde era el gotoso y canijo que alardeaba ante las mujeres. Así, "*verde*" se convierte en un término que se aplica a quienes prolongan sus hábitos galantes más allá de los razonable. La expresión con menos fortuna también sería de aplicación a las mujeres mayores que exhiben coquetería desproporcionada con su edad. Como ya se habrá adivinado, lo "*verde*" acaba tiñendo también a los relatos cortos que llamamos chistes.

Refranes

El refranero menciona a los viejos básicamente en lo referente al scxo a destiempo, a la sabiduría de la edad y a las molestias que acompaña al cumplimiento de muchos años como si no hubiera otros placeres inspiradores de goce y consuelo en su excelencia.

- *Al tomar mujer un viejo, tocan a muerto o a cuerno*
- *Loro viejo no aprende a hablar*
- *El que no oye consejo no llega a viejo*
- *El viejo quiere más vivir para más ver y oír*
- *Cuando joven de ilusiones, cuando viejo de recuerdos*
- *La vejez es deseada, pero cuando llega, odiada.*
- *Los frutos más hermosos los da el árbol más viejo.*
- *Fraile viejo, buen consejo*
- *No hay viejo sin dolor*
- *Dicen que es malo llegar a viejo, pero es peor no llegar a serlo.*
- *Amigos, oros y vinos, cuanto más viejos, más finos.*
- *Más viejos son los cerros y reverdecen.*
- *El joven conoce las reglas, pero el viejo las excepciones.*
- *Si el mozo supiera y el viejo pudiera. ¿qué se les resistiera?*

- *A burro viejo, no le cambies el camino*
- *El que de joven no trabaja, de viejo duerme en paja.*
- *Bandera vieja, honra capitán.*

Como se ve, mucha retranca escrita, probablemente, por jóvenes que no saben que ellos llegarán a viejos igualmente.

Vejez en la prosa

Antes de llegar a viejos, alguna vez hemos dicho que los viejos son como niños. Probablemente es una gran falsedad superficial, pues, aunque haya similitudes físicas, como el desamparo o la vulnerabilidad, dentro de esa cabeza los acontecimientos se acumulan generando un tipo de torbellinos a los que el niño es ajeno.

La literatura no se centra en los viejos, pues debe ser raro un viejo con atractivo suficiente para ser el núcleo de una trama, salvo en el caso de viejos crueles que tiene a toda su familia en un cepo construido con el dinero como material irrompible. Son esos abuelos saturninos que se comen a sus hijos en la casa del sordo. Pero el resto son, parece ser, frágiles cositas aparcadas en las residencias que responden a la descripción de Marta Sanz en su novela *Susana y los viejos* (evocadora del título del cuadro de Tintoretto):

> *"Los viejos van perdiendo la facultad del habla y son como bebés balbucientes; porque los viejos se quejan por todo como niñas consentidas; porque usan pañales; porque lloran a moco tendido; porque llaman a*

sus seres queridos cuando intuyen que alguien puede hacerles daño y, antes de que el daño sea infligido, ya han comenzado a llorar; porque los viejos solo recuerdan sus años de colegio, el mostrador de la pescadería donde su madre compraba la merluza, el amor que les profesaban sus padres, rejuvenecidos en la memoria de los viejos; porque los viejos se ven a sí mismos con 34 pantalones cortos y suspiran por llevar unos largos; porque tienen miedo por las noches y duermen con la luz encendida…".

Una descripción de niños con:

"Una infancia de enanitos con ojeras hundidas; enanitos muertos de miedo que, mientras mueren, matan un poco."

Descripciones que responden a un estereotipo que tenemos el deber de desmontar, pues poco sabe la literatura sobre qué pasa por nuestras cabezas cuando aparecemos sumergidos en esa bruma de la decrepitud. Un poco de respeto.

Vejez en la poesía

La vejez también tiene poesía. A pesar de la sequedad el talento encuentra el modo de celebrar también esta época de la vida. Véase esta de Jorge Luis Borges:

La vejez (tal es el nombre que los otros le dan)
puede ser el tiempo de nuestra dicha.
El animal ha muerto o casi ha muerto.
Quedan el hombre y su alma.
Vivo entre formas luminosas y vagas
que no son aún la tiniebla.
Buenos Aires,
que antes se desgarraba en arrabales
hacia la llanura incesante,
ha vuelto a ser la Recoleta, el Retiro,
las borrosas calles del Once
y las precarias casas viejas
que aún llamamos el Sur.
Siempre en mi vida fueron demasiadas las cosas;
Demócrito de Abdera se arrancó los ojos para pensar;
el tiempo ha sido mi Demócrito.
Esta penumbra es lenta y no duele;
fluye por un manso declive
y se parece a la eternidad.
Mis amigos no tienen cara,

las mujeres son lo que fueron hace ya tantos años,
las esquinas pueden ser otras,
no hay letras en las páginas de los libros.
Todo esto debería atemorizarme,
pero es una dulzura, un regreso.
De las generaciones de los textos que hay en la tierra
sólo habré leído unos pocos,
los que sigo leyendo en la memoria,
leyendo y transformando.
Del Sur, del Este, del Oeste, del Norte,
convergen los caminos que me han traído
a mi secreto centro.
Esos caminos fueron ecos y pasos,
mujeres, hombres, agonías, resurrecciones,
días y noches,
entresueños y sueños,
cada ínfimo instante del ayer
y de los ayeres del mundo,
la firme espada del danés y la luna del persa,
los actos de los muertos,
el compartido amor, las palabras,
Emerson y la nieve y tantas cosas.
Ahora puedo olvidarlas. Llego a mi centro,
a mi álgebra y mi clave,
a mi espejo.
Pronto sabré quién soy.

O esta otra de José Saramago:

¿Qué cuántos años tengo? –
¡Qué importa eso!
¡Tengo la edad que quiero y siento!
La edad en que puedo gritar sin miedo lo que pienso.
Hacer lo que deseo, sin miedo al fracaso o lo descono-
cido…
. Pues tengo la experiencia de los años vividos
y la fuerza de la convicción de mis deseos.
¡Qué importa cuántos años tengo!
¡No quiero pensar en ello!
Pues unos dicen que ya soy viejo,
y otros "que estoy en el apogeo".
Pero no es la edad que tengo, ni lo que la gente dice,
sino lo que mi corazón siente y mi cerebro dicte.
Tengo los años necesarios para gritar lo que pienso,
para hacer lo que quiero, para reconocer yerros viejos,
> rectificar caminos y atesorar éxitos.
Ahora no tienen por qué decir: ¡Estás muy joven, no lo lo-
grarás!…
¡Estás muy viejo, ya no podrás!…
Tengo la edad en que las cosas se miran con más calma,
pero con el interés de seguir creciendo.
Tengo los años en que los sueños,
se empiezan a acariciar con los dedos,
las ilusiones se convierten en esperanza.
Tengo los años en que el amor,

a veces es una loca llamada,
ansiosa de consumirse en el fuego de una pasión deseada.
y otras… es un remanso de paz, como el atardecer en la
playa..
¿Qué cuántos años tengo?
No necesito marcarlos con un número,
pues mis anhelos alcanzados,
mis triunfos obtenidos,
las lágrimas que por el camino derramé al ver mis ilusiones
truncadas…
¡Valen mucho más que eso!
¡Qué importa si cumplo cincuenta, sesenta o más!
Pues lo que importa: ¡es la edad que siento!
Tengo los años que necesito para vivir libre y sin miedos.
Para seguir sin temor por el sendero,
pues llevo conmigo la experiencia adquirida
y la fuerza de mis anhelos
¿Qué cuántos años tengo?
¡Eso!… ¿A quién le importa?
Tengo los años necesarios para perder ya el miedo
y hacer lo que quiero y siento!!.
Qué importa cuántos años tengo.
o cuántos espero, si con los años que tengo,
¡¡aprendí a querer lo necesario y a tomar, sólo lo bueno!!

La poesía es más benevolente con nosotros.

Generaciones

Los actuales jubilados pertenecen a una generación muy feliz que creyó en el progreso continuo, porque así parecían las cosas, si uno no leía los informes del Club de Roma.

Con el gráfico de la página siguiente (http://cort.as/-Iv_A) puede el lector situarse, grosso modo, en la secuencia de generaciones, que es también una forma de llevarse el impacto de contemplar el flujo vital.

La queja por la vejez es injusta, pues uno se pasa la vida queriendo que sea larga. Pues bien, de cumplirse este deseo, la consecuencia es la *Molestan senectutem*. Una forma primitiva pero sugerente de consolarse es comprobar cuánto vivieron gente de fama imperecedera, de cuyo trabajo aún nos beneficiamos. Gente que aportó mucho a nuestra civilización y a la que debemos estar agradecidos, pero que ya no viven. Impacta comprobar cuantos vivieron menos que uno. La lista es subjetiva obviamente:

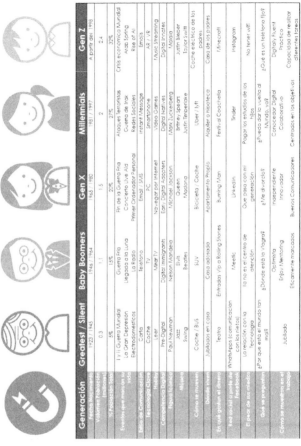

Generación	Greatest / Silent	Baby Boomers	Gen X	Millennials	Gen Z
Fecha Nacimiento	1923 / 1945	1946 / 1964	1965 / 1980	1981 / 1997	A partir del 1998
Volumen Población (millones)	0.3	1.1	1.5	2	2.4
% Población total	5%	15%	20%	27%	32%
Eventos que marcan su vida	I y II Guerra Mundial, La Gran Depresión, Electrodomésticos	Guerra Fría, Llegada a la luna, La Radio	Fin de la Guerra Fría, Concierto Live Aid, Primer Ordenador Personal	Ataques terroristas, Guerra de Irak, Redes Sociales	Crisis económica Mundial, Arab Spring, Rise of AI
Estilo de Comunicación	Carta	Teléfono	Email / SMS	Instant Message	Emojis
Tecnología Clave	Coche	TV	PC	Smartphone	AR / VR
Hábito	Leer	Mirar TV	Navegar por Internet	Video Games	Music Streaming
Competencia Digital	Pre-Digital	Digital Immigrants	Early Digital Adopters	Digital Natives	Digital Innates
Figura Técnica	Paul Newman	Nelson Mandela	Michael Jackson	Mark Zuckerberg	Malala
Música	Jazz, Swing	Elvis, Beatles	Queen, Madonna	Britney Spears, Justin Timberlake	Justin Bieber, Taylor Swift
Cómo se mueven	Coche / Bus	SUV	Bicicleta · Coche	Uber / Lyft	Coche eléctrico de los padres
Dónde viven	Jubilados en casa	Casa adosada	Apartamento Propio	Alquiler o hipoteca	Casa de los padres
En qué gastan el dinero	Teatro	Entradas Vip a Rolling Stones	Burning Man	Festival Coachella	Minecraft
Red social de punto de Facebook	WhatsApp (comunicación con los nietos)	Meetic	Linkedin	Tinder	Instagram
El peor de sus miedos	La relación con la tecnología	No es el centro de atención	Que pasa con mi generación	Pagar los estudios de los hijos	No tener wifi
Guía de preguntas	¿Por qué está el mundo tan mal?	¿Dónde está la Viagra?	¿Me divorcio?	¿Puedo dar la vuelta al Mundo, ya?	¿Qué es un teléfono fijo?
Cómo se muestran en el trabajo	Jubilado	Optimista, Enjoy / Mentoring	Independiente, Innovador	Conocedor Digital, Colaborativo	Digital y Fluent Práctico, Capacidad de realizar diferentes tareas
		Éticamente marcados	Buenos Comunicadores	Centrados en los objetivos	

Fuentes: Kinetic, McCrindle, Pew Research, Bruce Feinstein, Vanity Fair, BofA Merrill Global Research, Otros.

LETRAS

Heródoto (59)
Sófocles (91)
Aristófanes (59)
Cicerón (63)
Horacio (57)
Virgilio (51)
Dante (56)
Petrarca (70)
Shakespeare (52)
Cervantes (69)
Quevedo (65)
Góngora (66)
Lope de Vega (73)
Daniel de Foe (71)
Voltaire (84)
Moliere (51)

Goethe (81)
Blake (70)
Wordsworth (80)
Víctor Hugo (83)
Stendhal (59)
Rimbaud (37)
Pío Baroja (84)
Unamuno (72)
Salinas (60)
Machado (64)
C. Rodríguez (65)
Borges (87)
Cela (86)
Philip Roth (85)
García Márquez (87)
S. de Beauvoir (78)

ARTE y ARQUITECTURA

Fidias (50)
Lisipo (72)
Vitrubio (65)
Masaccio (27)
Miguel Ángel (89)

Rafael (37)
Da Vinci (67)
Alberti (68)
Wren (91)
Canova (65)

David (77)

Garnier (73)

Rodin (77)

Le-Duc (65)

A. Palacios (71)

P. y Colomer (62)

Querol (49)

Le Corbusier (78)

Mies (83)

Picasso (92)

Kandinsky (78)

Sainz de Oíza (82)

MÚSICA

Vivaldi (63)

Bach (65)

Mozart (35)

Haydn (77)

Beethoven (57)

Debussy (56)

Brams (64)

R. Strauss (85)

Elgar (77)

Falla (70)

Bernstein (72)

Mompou (94)

PENSAMIENTO

Tales (78)

Heráclito (60)

Protágoras (70)

Platón (80)

Aristóteles (62)

Averroes (72)

San Isidoro (76)

Santo Tomás (49)

Maquiavelo (58)

Erasmo (71)

Montaigne (59)

Descartes (54)

Hume (65)

Rousseau (66)

Kant (80)

Hegel (61)

Marx (65)
Comte (59)
Ortega (72)
Hannah Arendt (69)

Popper (92)
Rawls (81)
Hayek (93)
Heidegger (87)

CIENCIA

Copérnico (70)
Kepler (59)
Galileo (78)
R. Franklin (38)
Newton (80)
Avogadro (80) Max-
well (48)
Darwin (73)

Peral (44)
Plank (89)
Cajal (82)
Heisenberg (75)
Einstein (76)
Haeckel (83)
Mam. Curie (67)
Hawking (76)

POLÍTICA

Pericles (65)
Alejandro (33)
Augusto (77)
Carlomagno (72)
Abderramán III (70)
Isabel la C. (53)
Carlos I (58)
Enrique VIII (56)

Luis XIV (73)
Carlos III (72)
Napoleón (52)
Victoria (82)
Churchill (89)
Roosevelt (63)
Azaña (60)
De Gaulle (80)

La lista procede de un sorteo aleatorio en mi mente en todas las épocas. Obviamente, no he incluido, a pesar de sus méritos, a aquellos que fueron asesinados como Cicerón o se suicidaron como Turing.

La edad media de todos estos sabios es de 70 años. Media que es muy semejante en cada especialidad (como es natural). El autor de este libro está cerca de esa edad, pero sin ningún mérito, pues gente extraordinaria murieron antes que él, que no ha aportado nada. Todos ellos entregaron a la humanidad suficiente antes de su muerte como para incluirlos en el Panteón de la gloria. Si esas muertes hace tiempo que se olvidaron, en tanto que seres humanos, ¿Por qué ha de ser la mía más relevante? Pues por la sencilla razón de que es la mía y tiene que ser mi cuerpo con mi mente los que la padezcan. Pero sus olvidadas muertes son una ayuda para afrontar la mía con coraje.

Prácticamente todos fueron viejos en sus épocas, tuvieron mucho tiempo de disfrutar los resultados de una obra acabada que legar a la humanidad. Aunque algunos de estos extraordinarios seres murieron muy jóvenes (Alejandro, Mozart, Peral, Maxwell, Rosalind Franklin...). Pero se puede decir que, en general, los sabios y las sabias tuvieron vidas largas, cada uno en su época, debido, probablemente, a que, además de una herencia genética buena, disfrutaron de vidas acomodadas y una actitud intelectual positiva.

Concretando más. Yo ya he vivido 33 años más que Mozart, 17 años más que Virgilio, 16 más que Shakespeare, 11 años más que Beethoven y Horacio, 10 más que el emperador Carlos V y Maquiavelo; 8 más que Azaña y 5 más que Roosevelt; 7 más que Hegel y seis más que Aristóteles; 4 más que Machado y 3 más que Pericles y Bach; uno más que Leonardo. ¡Qué escándalo! Pero bueno, mi vida es mi vida, pero la inquietud se modera ante tanto talento desaparecido antes que yo. De todas formas, no renuncio a vivir tanto como Mompou, siempre que pueda seguir comunicándome con los demás. Y ¿por qué?, pues una razón es mi gen de lector de la vida. Me interesa algo tan absurdo y cotidiano como *"en qué va a acabar esto*". "*Esto*" es la historia del ser humano por escribir. Es algo absurdo, pues no tiene fin, pero es un instinto natural por el que todos los días somos atrapados por un relato real o ficticio, cuyo final necesitamos conocer. La otra razón es seguir disfrutando de la gente a la que quiero, una vez que he tenido la habilidad de librarme de la que no quiero a mi lado.

Bibliografía

CACHORRO y GARRIDO. *Artículos a Cuatro Manos*. Amazon. 2019

COROMINES y PASCUAL. *Diccionario Crítico Etimológico Castellano e Hispánico*. Gredos. 1989.

CICERON, Marco Tulio. *De Senectutem*.

DELIBES, Miguel. *Diario de un Jubilado*. Destino 2000.

ESCOHOTADO, Antonio. *Los enemigos del comercio*.

HESSE, Hermann. *Elogio de la Vejez*.

IRIBARREN, José María. *El porqué de los dichos*. Gobierno de Navarra. 1993

NAVARRO, Fernando. Etimologías. Rinconete. Web del Instituto Cervantes.

NUENO, Pedro. *Jubilado ¿Y ahora qué?* Plataforma Actual. 2018.

PLATÓN. *República*. Gredos.

PRIETO, David. Etimologías. Rinconete. Web del Instituto Cervantes.

RUBIO, Román. *¡Socorro!, me jubilo.* Autoedición. Amazon 2015.

SMITH, Hyrum W- Purposeful Retirement. Mango Publishing Group. 2017

WEISMAN, Lou. *The History of Retirement.* New York Times. 1999.

SILVESTER, Christopher. *Las grandes entrevistas de la historia.* El País Aguilar. 1997

WIKIPEDIA

OTRA BIBLIOGRAFÍA

Tomada de http://cort.as/-JDrC

1. Ribera JC. El anciano desde el punto de vista biológico. En Gafo J. (ed.) Ética y ancianidad. Madrid. Universidad Pontificia Comillas. 1995:29-40 (Dilemas Éticos de la Medicina actual - 9)

2. Minois G. Historia de la vejez. De la Antigüedad al Renacimiento. Madrid. Ed. Nevea. 1987.

3. Montanelli I. Historia de los griegos Barcelona Plaza & Janes ed. 1995

4. Gafo J. La Iglesia Católica y la tradición cristiana ante la ancianidad. En Ética y ancianidad. Madrid. Univ. Pontificia Comillas 1995 p.110.

5. Erasmo. Elogio a la Locura. Barcelona. Ediciones 29. 1993

6. Beauvoir S. La vieillesse. Paris. Gallimard. 1970.

7. Gracia D. Historia de la vejez. En Gafo J. (ed). Ética y ancianidad. Madrid, Universidad Pontifica Comillas. 1995 p.15-25. (Dilemas éticos de la Medicina actual - 9)

8. Jecker N.S. Envejecimiento social. En: La labor hospitalaria. 1997 245 (3): 236-238.

9. Popper K. La responsabilidad de vivir. Escritos sobre política, historia y conocimiento. Barcelona. Ed. Paidós. 1995.

10. La vejez en la sociedad actual. Plá integral de la gent gran. Generalitat de Catalunya. Departament de Benestar Social. 1993. En: Labor Hospitalaria. 245(3);1997:186-189.

Epílogo

Queridos jubilados, llegar a los 65 años, y estar en condiciones de autonomía mental, es una oportunidad de vivir adicionalmente una media de veinte años espléndidos. ¡Fuera todo tipo de decaimiento! La cultura mundial y el latido afectuoso de nuestro corazón son la oportunidad de experimentar la vida en todas aquellas dimensiones que quedaron preteridas en esa fase productiva de la vida que yo, desde mi experiencia de tres años, califico, sin ambages, como preparatoria para la vida perfecta: la del jubilado, que es el anticipo de toda utopía.

Metafísica Banal
Jorismós
Las Tres Gracias
Cuentos

OTROS LIBROS DEL AUTOR 2019-2020

Ser Jubilado
50 Artículos que nunca podrá leer en El País
Antonio Fernández Alba. Una Arquitectura
del Lugar

OTROS LIBROS DEL AUTOR 2005-2013

La Seguridad Laboral en la Construcción
Prospética. Prospere con o sin Ética.
Perplejidades Humanas
Experiencia de una Crisis 20117-2013

OTROS LIBROS DEL AUTOR 1999

Artículos a Cuatro Manos
La EHE explicada por sus autores
El Libro del Ingeniero de Edificación

Blog: ascavamol.me
Email: antonio.garrido.personal@gmail.com

Printed in Great Britain
by Amazon